"互联网营销师"职业技能等级认定教材

# 互联网营销师——平台管理员

湖南省人力资源和社会保障厅职业技能鉴定中心

长沙市雨花区蓝海探索融媒体职业技能培训学校

组织编写

唐红涛　陈　波　施　权　主　编

张　静　赵振军　张晓娜　吴　蓉　副主编

史文恺　覃若平　罗晓康　文凌云　参　编

电子工业出版社

**Publishing House of Electronics Industry**

北京·BEIJING

## 内 容 简 介

本书针对平台管理员的岗位需求，系统介绍平台运营管理的关键技能。本书内容覆盖宣传准备，设备、软件和材料准备，风险评估，技术支持，互动管理，售后，复盘等多个方面，详细讲解如何发布产品图文信息、提供技术支持、管理用户互动，以及处理售后问题和进行数据复盘。同时，本书还强调风险判断与防控等风险评估及网络环境测试、设备选择与管理等技术支持的重要性，通过实操案例和详细的任务指导帮助学习者掌握平台管理员的核心职责，提升平台运营管理专业水平。

本书可作为互联网营销师的培训教材，也可供相关从业人员参考。

**图书在版编目（CIP）数据**

互联网营销师：平台管理员 / 唐红涛，陈波，施权主编. -- 北京：电子工业出版社，2024. 9. -- ISBN 978-7-121-48923-5

Ⅰ. F713.365.2

中国国家版本馆CIP数据核字第2024XR2052号

责任编辑：陈　虹　　文字编辑：张　彬
印　　刷：北京建宏印刷有限公司
装　　订：北京建宏印刷有限公司
出版发行：电子工业出版社
　　　　　北京市海淀区万寿路173信箱　邮编　100036
开　　本：787×1 092　1/16　印张：10　字数：256千字
版　　次：2024年9月第1版
印　　次：2024年9月第1次印刷
定　　价：42.00元

# "互联网营销师"职业技能等级认定教材

# 编委会

主　任：王　俊

副主任：王祥君　欧　雁　王　焱

委　员：钟　涛　刘晓玲　孙悦轩　田　莉　徐　凝

　　　　欧　陟　叶　飞　刘　赞　张志初　易光明

　　　　刘劲松　何发良　胡登峰　张新亮　黄虹辉

　　　　曾　鸣　李　博　梁　桦　梁　华　刘海艳

　　　　刘　娜　孟迪云　申益瑜　张俊英　唐红涛

　　　　杨　洁　李　聃　罗晓康　贺长明　喻琦凯

　　　　张　静　何钱英　李　卫　贺　鑫　刘　杰

　　　　王春丽　向林峰　颜振辉　朱艳春　胡　令

　　　　张晓娜　张建英

# 序

近年来，随着平台经济、数字经济、人工智能的发展，互联网营销师、网约配送员、工业机器人系统操作员、无人机驾驶员等一批新职业应运而生，职业内涵和从业方式正在发生深刻改变。新职业新业态的发展，一方面有巨大的岗位创造能力，在拉动就业的同时不断优化就业结构、提高就业质量；另一方面，新职业新业态也面临着巨大的人才缺口，需要大力开展新职业新业态职业培训，进一步释放"培训红利"，强化"培训赋能"，创造相关领域技能人才培养的"加速度"。

为适应新技术、新产业、新业态发展需求，改善新职业人才供给质量结构，近年来，人力资源社会保障部门专门出台政策文件，大力开展新职业新业态职业培训，推动技能人才队伍高质量发展。针对当前新职业新业态培训存在的培训供给不足、培训标准和评价标准不完善等问题，大胆创新举措，主动创造条件，积极探索具有特色的路径和方案，推动新职业新业态培训方向更明、路径更宽、动能更强、基础更实、质量更好。

在这种背景下，为深入贯彻落实中共中央办公厅、国务院办公厅印发的《关于加强新时代高技能人才队伍建设的意见》文件精神，大力实施"三高四新"重要战略，培育一批具有工匠精神的高技能人才，全面提升从业人员素质，进一步推动高技能人才队伍建设，助推企业数字化转型升级，湖南省人力资源和社会保障厅职业技能鉴定中心委托相关机构组织编写了"互联网营销师"职业技能等级认定教材。希望通过一批新职业培训教材的出版，带动新职业培训体系的不断健全与完善。教材编写始终秉承以下原则。

——立德树人、德技并修。大力弘扬和培育劳模精神、劳动精神、工匠精神，坚持工学结合、知行合一、德技并修，聚焦劳动者技能素质提升，注重培养劳动者的职业道德和技能素养。

——就业导向、讲求实效。牢固树立职业培训为就业服务的理念，不断提升培训内容质量，只讲干货，为劳动者储备就业技能，促进就业创业，提高工作能力。

——共建共享、协同发力。加强对职业技能培训资源的统筹利用，发挥科研机构、公共实训基地和职业院校等的作用，鼓励支持龙头企业、社会资源依法参与职业技能培训，推动共建共享，形成工作合力。

——市场引导、政府支持。构建以企业为主体、职业院校为基础、政府推动与社会支持相结合的职业技能培训体系，引导劳动者根据社会需要和个人需求积极参与职业技能培训。未来几年依然是新兴行业的快速崛起与成长期，职业技能培训市场也将呈现良好的发展势头。职业技能培训作为职业教育的重要板块，市场规模由 2017 年的 3 092 亿元，增至 2022 年的 4 191 亿元，年复合增长率为 6.27%；未来将持续增长，预计于 2026 年达到 5 384 亿元，年复合增长率为 6.40%。

我们应该意识到职业教育培训行业的重要性和潜力，并积极推进其发展。只有加强对职业教育培训行业的监管、促进其规范化发展，才能更好地完善人才培养体系，为中国经济转型升级提供具有竞争力的人才支持。相信在各方共同努力下，职业教育培训行业一定会为社会经济发展注入新的动力，成为推动中国经济持续、健康、稳定、高质量发展的重要力量。

# 前　言

随着互联网经济的快速发展，人们的生产生活方式也发生了巨大的改变，电子商务成为主流的消费方式之一，网络营销成为促进电商销售的主要手段。网络营销能够最大限度地突破时空的约束，拓展消费需求，创新消费场景，提升消费体验，有效缓解企业产品滞销困局，增强经济韧性。

《人力资源社会保障部关于健全完善新时代技能人才职业技能等级制度的意见（试行）》重构了职业技能等级体系。新的职业技能等级体系是适应高质量发展需要，促进职业技能等级认定结果与岗位使用有效衔接的重要抓手。新制度下，技能等级是独立衡量工人技术能力的标尺，能客观反映技能人才的技能等级水平和职务岗位，并与薪酬激励、福利待遇、职业发展等相联系。2020 年 7 月，国家正式确定互联网营销师成为新职业并公布了相应的《国家职业技能标准》。互联网营销师具体分为直播销售员、选品员、视频创推员、平台管理员4 个工种。互联网营销师作为对社会具有一定影响力的新生代公众群体，如主播或网红，他们的言行举止及价值观都将影响粉丝和大众。因此，完善行业规范、建立健全行业诚信体系、维护消费者利益显得极为重要，规范新业态的经营行为，如带货直播、短视频销售，主播持证上岗已成必然趋势。

根据互联网营销师《国家职业技能标准》的基本要求，职业道德、互联网营销涉及的多学科基础知识及相关行业法律、法规为各工种均需具备的通识能力，也是培养高素质技能人才的基本要求。因此，这几个部分的知识在每本教材中都有介绍，相关内容的表述可能涉及工种与岗位职责的交叉与重叠，但这些并不影响读者对自身岗位技能的深入学习。

为适应互联网营销师职业技能培训的需要，湖南省人力资源和社会保障厅职业技能鉴定中心委托长沙市雨花区蓝海探索融媒体职业技能培训学校组织湖南省内电子商务领域知名专家、学者编写了本系列教材。其中，本书具体编写分工如下：长沙工业学院张晓娜编写项目一，湖南科技大学赵振军编写项目二，湖南水利水电职业技术学院张静编写项目三，长沙市雨花区蓝海探索融媒体职业技能培训学校施权、覃若平、文凌云编写项目四，湖南涉外经济学院陈波编写项目五，湖南申湘科技有限公司罗晓康和蓝海探索集团吴蓉、史文恺编写项目六，湖南工商大学唐红涛编写项目七。

本系列教材以互联网营销师《国家职业技能标准》五级/初级工、四级/中级工、三级/高级工、二级/技师、一级/高级技师 5 类职业技能要求为基础，融入近年来新业态出现的相关新知识、新技术、新技能等内容编写而成，体例按项目—任务式结构进行编排，遵从实操过程的逻辑与先后顺序。

互联网营销是一个快速发展并不断创新的职业，相关行业标准与职业技能标准也在不断完善，受到行业快速迭代与编者学识能力的影响，书中难免存在疏漏与不足，恳请各位专家和读者批评指正。

编 者

# 目　　录

# | 项目一 |

# 宣传准备

## 【项目导读】

在互联网急速发展的今天，优质内容创作成为新媒体或主播吸引流量的根本手段，只有为用户提供优质且有创意的内容，才能吸引更多的流量，形成自己的品牌 IP（知识产权）。

本项目将从网络营销前的宣传准备入手，介绍如何使用网络搜索工具搜集相关产品宣传素材，有条理并清晰地完成相关宣传计划的制订；然后介绍如何制定数据监控方案和音视频转码的方法；最后介绍第三方资源库的建立和投入产出比的测算方法，以便将引流结果量化，进行数据化分析。

## 【项目目标】

1. 能使用网络搜索工具核实、整理产品素材信息
2. 能发布产品图文信息预告
3. 能制订产品宣传素材及计划
4. 能制定数据监控方案
5. 能运用工具对素材进行转码
6. 能建立第三方资源库
7. 能测算投入产出比

## （五级）任务一　网络搜索工具使用方法

### 一、搜索引擎简介

搜索引擎主要运用一定的策略与特定的计算机程序，在浩瀚的互联网中搜集各类信息，并

对这些信息进行组织和处理，为用户提供更加快速的检索服务。国内常见的搜索引擎包括百度、搜狗搜索、360 搜索、有道搜索、必应搜索、阿里云搜索、爱问搜索等。

## 二、搜索引擎使用技巧

### （一）简单搜索

打开相关搜索引擎，在搜索框中输入关键词后单击"搜索"按钮（或有搜索功能的其他按钮），系统会很快回馈查询结果，这是较简单的查询方法，使用方便，但是查询的结果不一定准确，其中可能包含许多不需要的信息。简单搜索界面如图 1-1 所示。

图 1-1

### （二）高级搜索

在高级搜索中，不同搜索引擎提供的查询方法不完全相同，但有一些通用的查询方法，各个搜索引擎基本上都支持。

1. 精准匹配——关键词加双引号

搜索时不加双引号，关键词叮能被拆分。例如，当搜索"湖南大学"时很可能把"湖南"和"大学"拆分开分别进行搜索，得到一些不需要的信息，如图 1-2 所示。这时可以把关键词放入双引号内，代表完全匹配搜索，也就是所显示的搜索结果一定包含完整的关键词，不会出现近义词和拆分的情况，如图 1-3 所示。

2. site——搜索指定网站上的关键信息

如果只想在某个特定网站上搜索"帽子"这个信息，可以使用"site:网址 帽子"语法格式，这样搜索出来的信息都是来自指定网站上的内容，如图 1-4 所示。

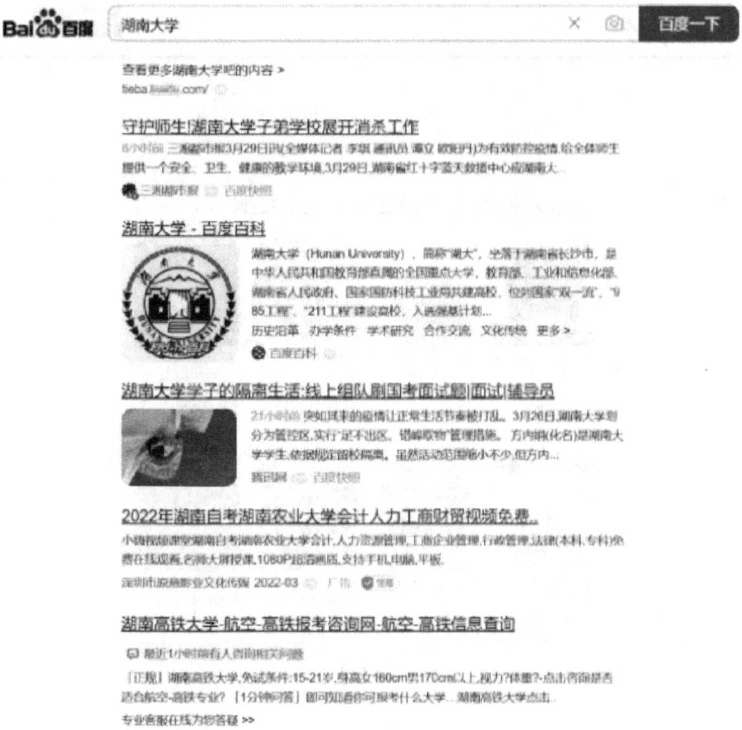
湖南大学
百度一下
守护师生|湖南大学子弟学校展开消杀工作
湖南大学 - 百度百科
湖南大学学子的隔离生活:线上组队刷国考面试题|面试|辅导员
2022年湖南自考湖南农业大学会计人力工商财贸视频免费..
湖南高铁大学-航空-高铁报考咨询网-航空-高铁信息查询
专业客服在线为您答疑 >>

图 1-2

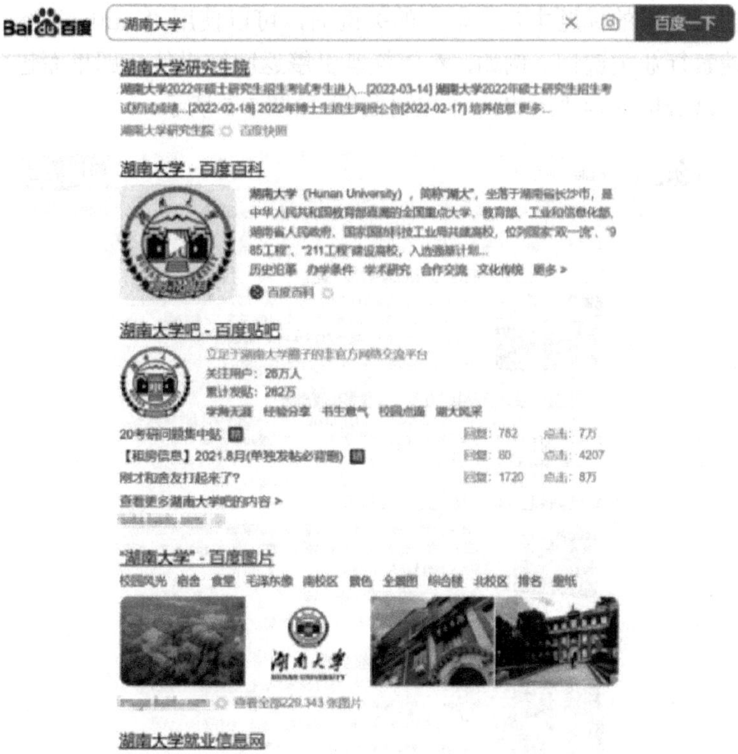
"湖南大学"
百度一下
湖南大学研究生院
湖南大学 - 百度百科
湖南大学吧 - 百度贴吧
"湖南大学" - 百度图片
湖南大学就业信息网

图 1-3

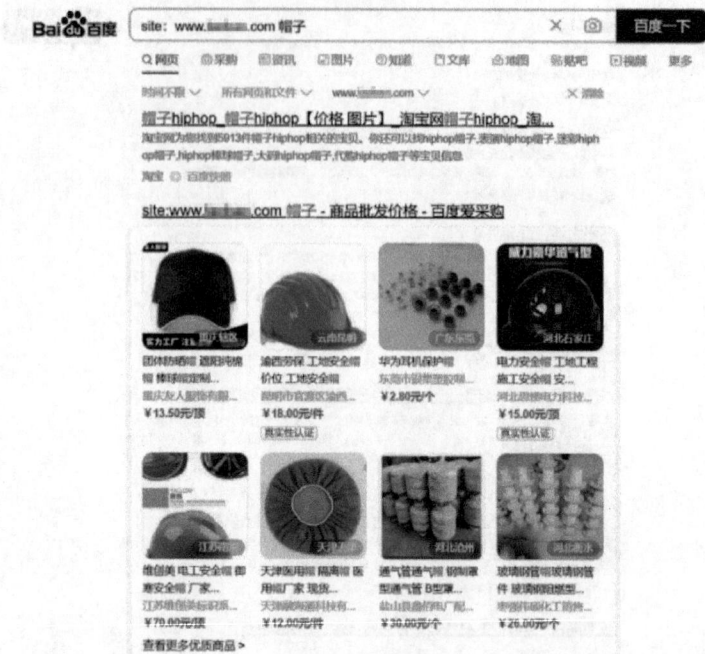

图 1-4

### 3. intitle——在标题里面限定条件进行精准搜索

如果想让搜索结果的标题中包含输入的关键词，可以使用"intitle:关键词"语法格式。此方法常用来搜索行业关键词。例如，希望搜索引擎返回结果的标题里面包含"plc 控制柜"这个关键词，则语法格式为"intitle:plc 控制柜"，如图 1-5 所示。

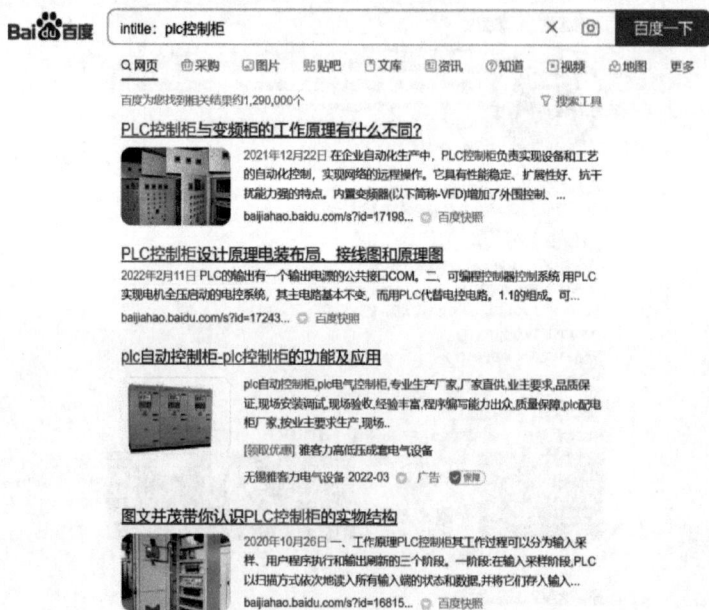

图 1-5

#### 4. filetype——查询指定的文件格式

有时候想查询某个课程的文档，但是搜索出来的信息总不是自己想要的，这时就可以试一下"关键词 filetype:文件格式"语法格式，"文件格式"可以是 pdf、txt、doc 等，如"互联网 filetype:doc"，如图 1-6 所示。

图 1-6

#### 5. 减号——不包含指定关键词的搜索

可以通过一个减号（-）来实现不包含指定关键词的搜索。它的使用语法是前一个关键词与后一个关键词之间用减号连接，且减号的左边是空格，如"射雕英雄传 -小说"，如图 1-7 所示。

#### 6. 加号——包含指定关键词的搜索

可以通过一个加号（+）来实现包含指定关键词的搜索。它的使用语法是前一个关键词与后一个关键词之间用加号连接，且加号的左边是空格，如"直播 +湖南 +2020"，如图 1-8 所示。

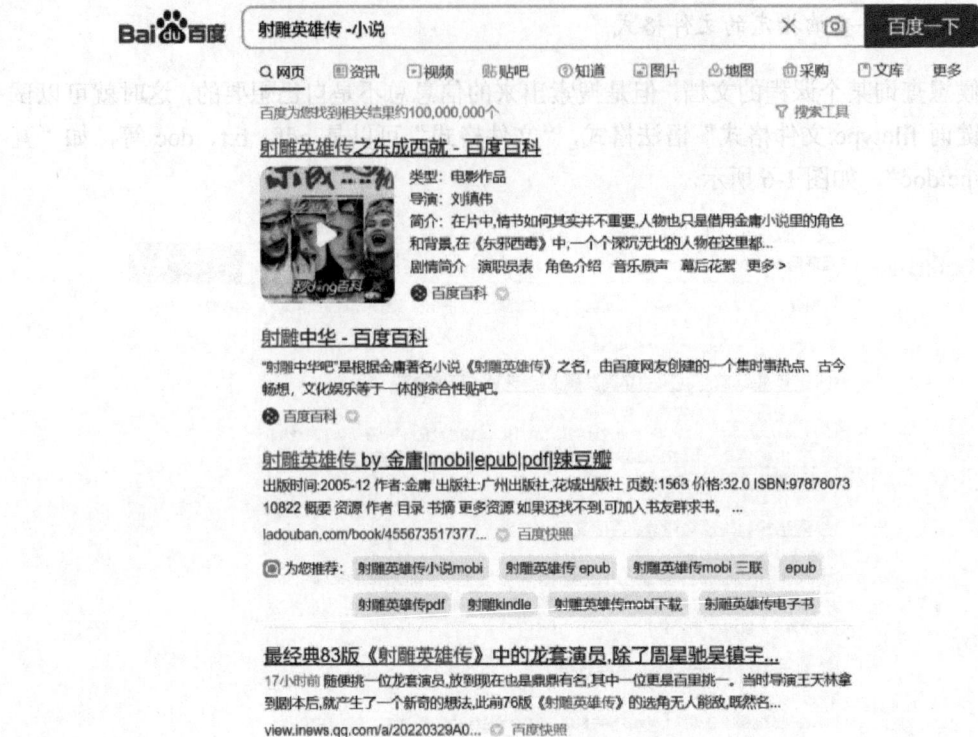

图 1-7

图 1-8

## （五级）任务二　产品图文信息发布技巧

### 一、产品的分类展示

设置好产品分类可以方便买家迅速找到想要购买的产品。同时，产品分类也能起到很好的推荐作用，如果一个店铺在产品详情信息页面同时展示了产品分类，那么买家很可能对其他类目产生兴趣，从而促成其他购买结果。产品分类展示如图1-9所示。

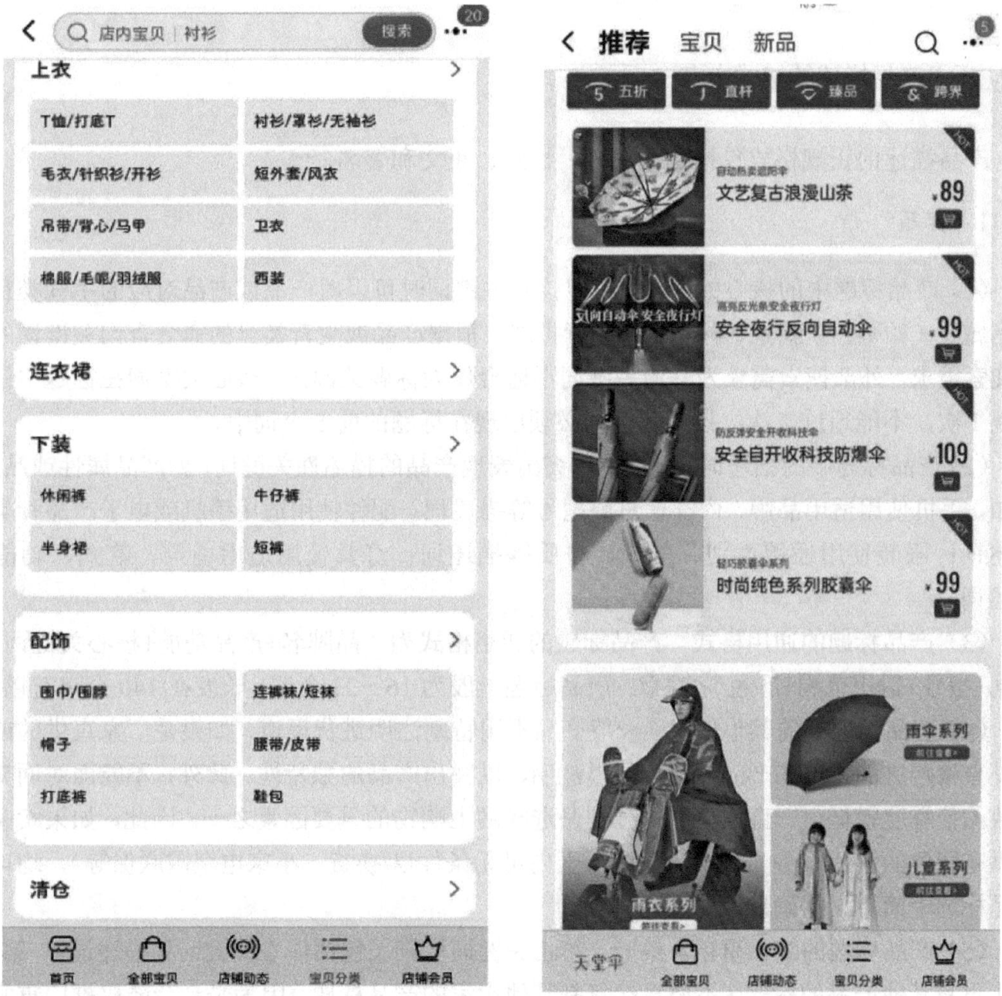

图 1-9

产品分类可以是文字或图片形式，通常图片比文字具有更直观、更醒目的特殊效果，因此卖家倾向于设置精美的图片分类，使用图文结合的方式让店铺产品分类井井有条，为店铺增色。

产品分类可按以下 5 种方式进行。

（1）将新款放在最上面，以便上新之后，买家进入店铺后能第一时间看到。

（2）设置特价产品吸引人气，特价产品的销售有时候能带动其他产品销售量的上升。

（3）按产品的品牌分类，如同样的价格，品牌衣服会比非品牌衣服更好销售。

（4）按产品的功能或用途分类，如上衣、下装、配饰等。

（5）在店铺首页的"推荐"模块，可以手动设置一些推荐产品的自定义模块。

## 二、产品的详情描述

### （一）产品描述的格式

产品描述的正规格式包括 3 个部分：标题、正文和署名。

1. 标题

（1）产品标题中的核心关键词。设定核心关键词时可以对产品或产品对应的主营类目及产品属性（如颜色、款式、材质等）进行扩展，根据产品或主营类目的命名查询关键词的外部搜索需求，外部搜索需求为 0 的关键词不适合作为标题关键词。核心关键词在标题中最好出现 1 次，不能超过 2 次；核心关键词必须出现在标题的前 5 个词中。

（2）产品标题中的描述词。可以使用突出表现产品的描述性关键词，如产品属性或品牌。例如，手机使用适用品牌、内存信息或型号等描述词；配件使用适用手机或电子产品种类等描述词；服装使用适用性别、款式、材质等描述词；灯具使用适用场景、款式、功能等描述词。

（3）产品标题的通用格式。产品标题的通用格式为"品牌名+产品功能+核心关键词+修饰词+型号+适用范围+颜色"。注意：产品标题一般为 16～23 个词，长度在 140 个字符以内。

（4）产品标题中的其他信息。一般产品不用特别注明进货渠道，如果是厂家直供的或从国外直接购进的，可在产品标题中加以注明，以突出产品的独特性。此外，不能面对面交易导致的信誉度较低，一直是阻碍部分网民选择网上购物的重要因素之一。因此，如果卖家能提供有特色的售后服务（如不满意则 7 天内可无条件退/换货、小家电全国联保等），均可在产品标题中简单、明确地注明。

（5）产品标题的禁止事项。第一，禁止关键词堆砌（包括核心关键词和描述词）。第二，禁止重复其他产品的标题（不要直接复制其他卖家的产品标题，因为平台会降权推广重复产品标题的产品，不利于产品的站内外排名）。第三，禁止出现搜索需求可能较大，但与本产品无关的描述词（如产品是男鞋，不要为了覆盖更多关键词而加上女鞋、童鞋；是红色裙子，就不要加上黑色裙子；手机品牌是小米，就不要加其他品牌名）。无关关键词的出现不会带来流量，只会导致搜索引擎惩罚及用户流失。第四，禁止使用无意义的特殊符号，如"～""！""@""#""$""^""&""*"等。第五，非品牌产品禁止出现品牌名称。

2. 正文

正文是产品描述的主体部分，最好分条来写，让人一目了然。每条最好只表达一个信息，要表达第二个信息时另起一行。如果自己会制作描述模板，也可以使用图片对正文进行分段。第一段写产品的基本性能，第二段写产品的使用方法，注意事项也可以再起一段，每段的描述信息最好也分条来写。

（1）产品描述的原则。

① 用项目符号进行分段。

② 包含有吸引力的信息，使买家停留在页面上。

③ 保持信息的真实性。

④ 要针对所有受众。

⑤ 包含退货信息。

⑥ 一般限制在 2 000 个字符左右。

（2）产品描述的内容。一般来说，产品描述部分应该考虑到"谁""什么""哪里""什么时候""为什么""如何"等问题，具体如下。

① 产品针对的人群。可以将目标受众按照性别、年龄、生活方式或其他方式进行分类。

② 产品的基本信息。基本信息要包含产品的一些属性，如尺寸、材质、特征和功能。

③ 产品的使用场合。产品是室外用还是室内用，是为人设计的还是为动物或其他物品设计的。

④ 产品的使用时间。使用产品是否有时间限制，产品是每天使用或季节性使用，还是每年偶尔使用几次。

⑤ 产品为什么有价值，或者为什么比竞争对手的产品好。可以写质量、价值、特点、优势等方面的内容，还可以考虑使用一些图片来说明。

⑥ 产品起作用的方式。这一点不是必须写的；如果店铺出售的是电子类产品或可以移动的产品，这一点就必须写上。

图 1-10 所示为产品描述部分示例。

3. 署名

署名是一篇完整的产品描述应该包括的内容，在写完描述信息后一定要把店名署上。

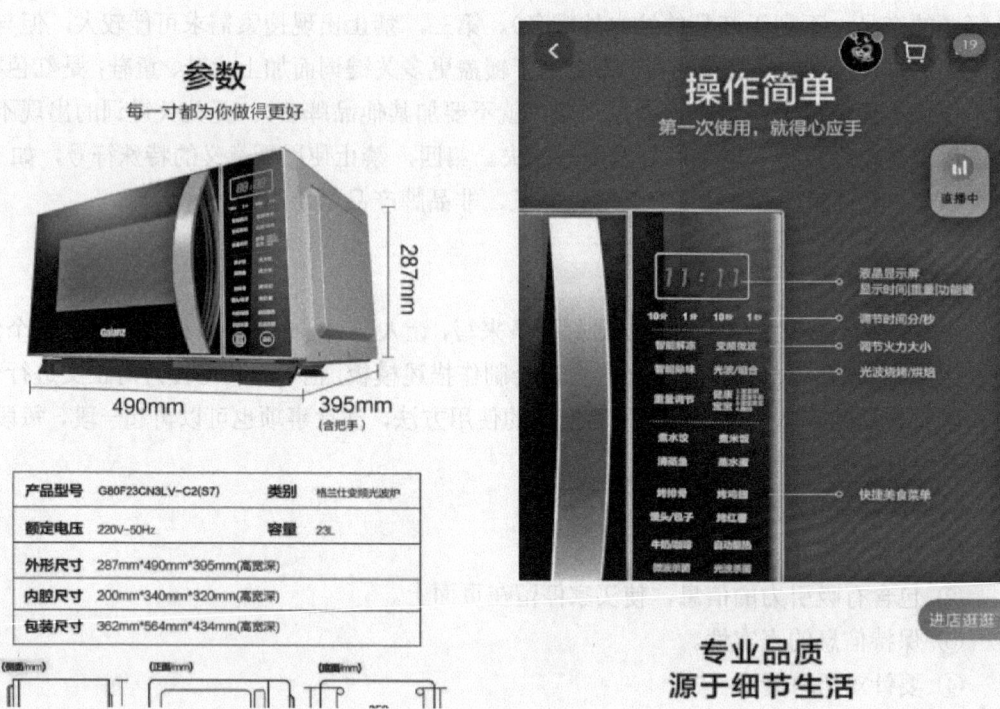

图 1-10

## （二）产品描述的方式

### 1. 利用买家作产品描述

客服人员在接待买家、处理订单信息的过程中会获取大量的买家需求信息，可以进一步对这些信息进行加工和处理，指导编辑人员修改产品描述，使买家关心的问题都能在产品描述中简明、清晰地展示出来。

### 2. 利用竞争对手作产品描述

要重视同行中做得好的竞争对手，学习竞争对手的产品描述方式，持续关注竞争对手的信息，在产品描述中进行有针对性的设置，帮助买家解决问题。需要注意的是，基于竞争对手的产品描述有两个思路：一是找到竞争对手的空白点；二是在竞争对手的优势上显出自己的优势。

### 3. 利用采购人员作产品描述

采购人员可能是公司中第一个全面了解产品的人员，他们进行采购之前，至少是获取了以下 3 个方面的信息并进行分析后才决定的，一是市场的信息，二是供应商的信息，三是本公司的信息。采购人员的分析数据可以指导编辑人员进行产品描述。

（三）产品描述的诀窍

1. 向供货商索要详细的产品信息

产品图片不能反映的信息包括材料、产地、售后服务、生产厂家、性能等，一定要将相对于同类产品有优势和特色的信息详细地描述出来，这本身也是产品的卖点。买家在阅读产品描述时，也一定会抓住一些细节，而大体介绍往往是略过的。举个简单的例子，一家店铺出售红枣，很少会有人在意枣是不是红色的，而是在意它有多大、是什么品种、和普通红枣相比有什么特点（如是否比普通红枣甜）等。图1-11所示为"和田大枣"特色信息描述示例。

图 1-11

2. 产品描述直观

产品描述应该使用"文字+图像+表格"的形式，如图1-12所示，能够全面概括产品的内容和相关属性；最好能够介绍一些使用方法和注意事项，更加贴心地为买家考虑，这样买家浏览时会更加直观，增加其购买的可能性。

3. 做一个精美的描述模板

只有产品资料和图片的产品描述会显得很单调，如果把这些资料和图片放在精美的描述模板中，对买家来说不仅利于观看，还可以获得美的享受，相对于文字来说，会更形象、动人且更有说服力。描述模板可以自己设计，也可以在淘宝上购买，还可以在社区里获取一些免费的。在产品描述中也可以推荐本店的热销产品、特价产品等，让买家接触店铺的更多产品，增大产品的宣传力度。图1-13所示为产品描述模板示例。

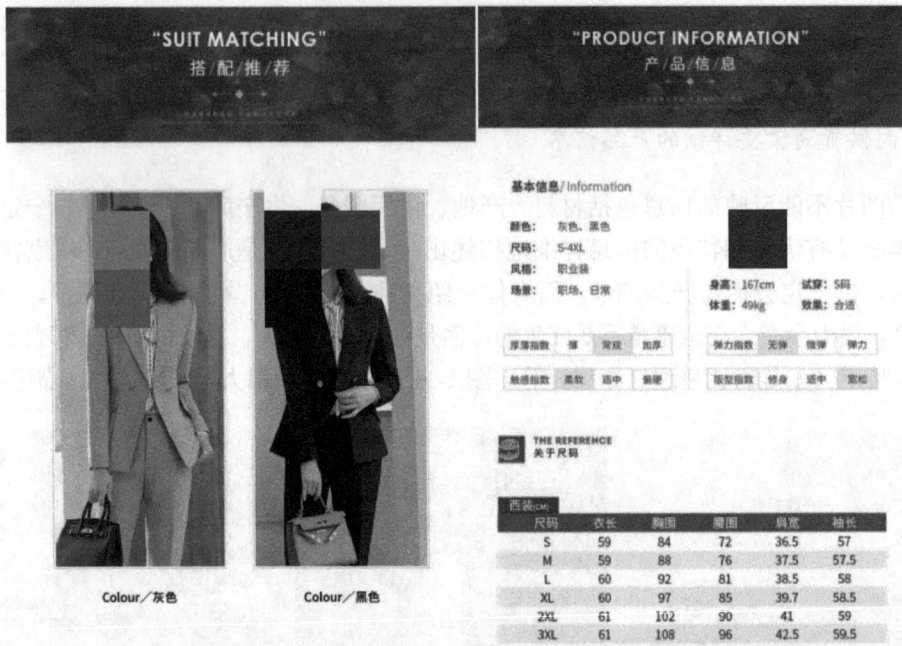

图 1-12

图 1-13

### 4. 重视关联销售

很多买家在浏览产品描述的过程中发现不是自己想要的产品时，一般会直接关掉网页。因此，如何尽可能地让买家进店或浏览店铺里的其他产品是关键。例如，可在每个产品详情页中加入其他产品的图片和链接，或者加入店铺的促销信息，这样即使买家对这个产品没兴趣，还有可能浏览其他产品，进入其他产品的描述页面。所以，在产品描述中加入相关产品的推荐也很重要。关联产品可以放在前面，也可以放在后面，还可以前后都放。图 1-14 所示为关联销售示例。

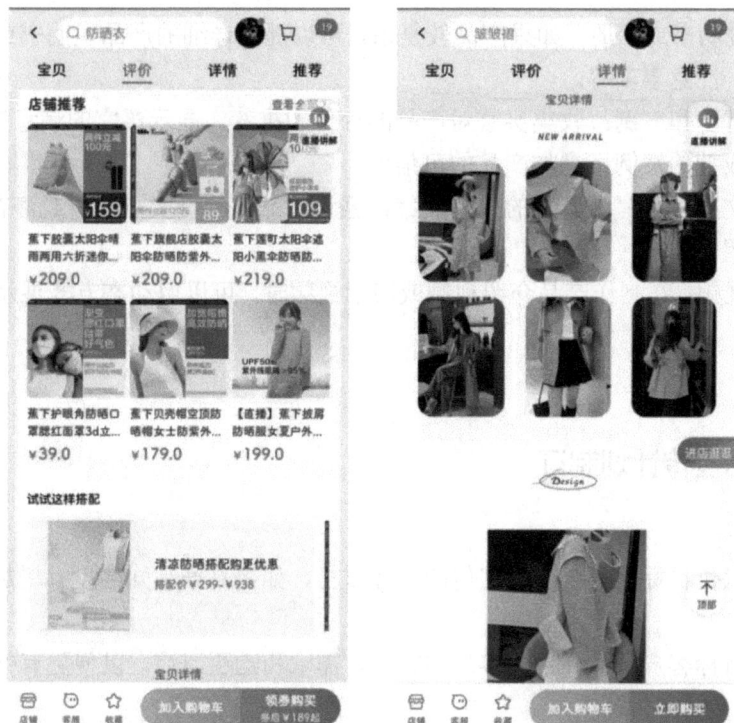

图 1-14

此外，产品描述可以随季节及销售情况进行修改。产品销售前、产品全新上市时、产品热销时、产品销售量进入衰退期时、产品清仓时，不同时期的文案要具有差异，以提高店铺的销售气氛，不断优化产品销售结果，帮助买家找到要在此时购买的理由。

# 🔍（四级）任务三 产品宣传素材及计划制订

产品宣传素材及计划制订是推广产品、吸引潜在客户、增加产品曝光度的重要步骤。

## 一、产品宣传素材编写

（1）产品简介：提供产品的基本信息，包括产品名称、品牌、特点、功能、优势等。产品简介应简明扼要，突出产品的独特性。

（2）产品图片和视觉素材：包括产品照片、实物展示图、产品效果图等，确保图像清晰、质量高，能够吸引目标客户。

（3）产品说明书或手册：如果产品较复杂，可以提供详细的产品说明书或手册，介绍产品的使用方法、注意事项等。

（4）买家评价和案例：收集买家对产品的评价和推荐，展示买家的满意度和真实反馈，同时提供一些成功的案例，增加产品的可信度。

（5）宣传文案：编写吸引人的宣传文案，强调产品的独特卖点，引起潜在买家的兴趣，激发其购买欲望。

（6）产品视频：在制作产品介绍视频或演示视频时，可以用动态方式展示产品的特点和功能。

## 二、产品宣传计划制订

（1）明确宣传目标：确定产品宣传的具体目标，如提高产品知名度、增加销售量、吸引新客户等。

（2）分析目标客户：了解目标客户的特点、需求和购买习惯，以便更有针对性地进行宣传推广。

（3）选择宣传渠道：根据目标客户的特点，选择适合的宣传渠道，如社交媒体、电视广告、杂志广告、展会等。

（4）制定时间表：确定宣传活动的时间，明确宣传活动的时间节点和持续时间。

（5）分配预算：根据宣传目标和计划，合理分配宣传预算，确保宣传活动有效执行。

（6）设计宣传内容：根据宣传目标和目标客户设计宣传内容，确保内容吸引人、有趣味性、容易引起共鸣。

（7）整合资源：确定宣传所需的资源，如图片、文字、视频等，确保准备充分。

（8）安排宣传活动：确定宣传活动的安排和具体执行方式，如发布时间、地点、参与人员等。

（9）跟进宣传效果：在宣传活动进行期间，收集反馈信息，及时调整宣传策略。

（10）评估宣传效果：在宣传活动结束后，对宣传效果进行评估，比较实际效果与预期目标之间的差距，总结经验教训。

以上内容是产品宣传素材及计划的基本框架，可以根据自己产品的特点和宣传需求进行调整。宣传计划的成功执行和效果评估对于产品的推广和市场影响都至关重要。

## 三、直播计划拟订

一场完整的直播活动，包括直播前的策划与筹备、直播活动的开展、直播结束后的发酵。

因此，当主播与用户告别后，直播工作并未结束。企业新媒体团队需要在直播网站以外的微博、微信、论坛等平台继续宣传，放大直播影响力。

直播结束后，可以对直播进行图片、文字、视频等多维度宣传。无目的的宣传会导致宣传效果不聚焦，因此在开展宣传工作前，需要先按照宣传步骤制订宣传计划，以保证宣传的有效性和目的性。

直播活动的宣传计划包括确定目标、选择形式、组合媒体 3 个部分，如图 1-15 所示。

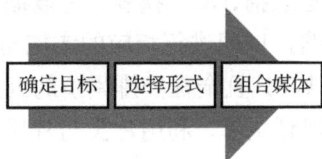

图 1-15

目标的确定是直播后续宣传的基础，否则即使已经制作出精美的视频或引人发笑的表情包，也可能达不到预期目标。直播宣传的目标通常包括提高产品销售量、产品知名度、产品美誉度、品牌忠诚度等。这几个目标不是独立的，而是与企业整体的市场营销目标相匹配的。

确定目标后，需要选择宣传形式。目前常见的宣传形式包括视频、软文、表情包 3 种。这 3 种形式可以独立推广，也可以组合后以"视频+表情包""软文+表情包"等形式进行网络推广。

确定宣传形式后，需要对媒体进行组合。不同宣传形式对媒体的需求各不相同，如表 1-1 所示。

表 1-1

| 宣传形式 | 媒体组合 | 媒体示例 |
| --- | --- | --- |
| 视频 | 自媒体+视频平台 | 微博、微信公众号、抖音、快手等 |
| 软文 | 媒体+论坛 | 虎嗅网、知乎、豆瓣、小红书等 |
| 表情包 | 自媒体+社群 | 微博、微信公众号、微信群、豆瓣群等 |

完成以上确定目标、选择形式、组合媒体的思路整理后，企业新媒体团队需要将直播后期宣传工作细化到人、精确到时间，并设计表单，整体推进。

思路整理与细节推进都策划完成后，宣传计划就可以执行了。

## 四、产品专属宣传素材制作

### （一）短视频

在线直播只能在规定时间内参与，未及时参与者无法在直播后了解直播的内容与理念。

因此，在直播结束后，企业新媒体团队需要整理直播内容，并推送到其他平台。

目前，用户的浏览需求已经由"无图无真相"过渡到"无视频无真相"，通过视频的形式把直播活动推广出去，是直播发酵与传播的最佳方式之一。

视频推广包括思路确定、视频制作、视频上传、视频推广4个步骤。

### 1. 思路确定

直播活动后的视频传播有全程录播、浓缩摘要、片段截取3种思路。企业新媒体团队需要在视频传播前确定视频编辑思路，以便进行相应的实施与推广。

（1）进行时间较短（30min以内）且全程安排紧凑的直播，可以采用全程录播的视频制作思路，将直播的全程录像作为视频主体，利用片头与片尾对直播名称、参与人员等进行简要的文字介绍即可。

（2）进行时间超过30min且存在大量等候内容（如体育比赛暂停时间、晚会候场等待时间等）的直播，可以采用浓缩摘要的思路，录制旁白作为直播摘要或解读，整体与电视新闻类似。

（3）进行时间超过60min或存在一些较为精彩的内容（如名人进入直播间、带货明星做客直播间、文化输出价值高的片段等）的直播，可以采用片段截取的思路，直接截取全程直播中的"出圈"片段，整体与短视频类似。

### 2. 视频制作

手机端的直播视频可以利用VUE、美拍、抖音、快手等软件直接编辑；PC端的直播视频可以利用格式工厂、爱剪辑、会声会影等软件实现剪辑、格式转换等功能。

可以在软件官网查看具体使用方法，或者借助百度等搜索相应软件的使用方法，然后进行学习与操作。

### 3. 视频上传

视频制作完成后，可以上传至视频网站，便于用户浏览。目前可供上传的视频网站包括优酷、爱奇艺、抖音、快手、小红书、百度百家、哔哩哔哩等。

在上传视频前，需要阅读网站的上传注意事项，特别是网站对于视频大小、格式、清晰度、二维码等内容的限制，防止因违反网站规定而无法上传或审核不通过。

### 4. 视频推广

为了使网络直播活动效果持续发酵，需要进行视频推广，以便更多的用户看到视频。用户浏览互联网视频，主要通过视频网站推荐、主动搜索、自媒体平台推送3种途径。

（1）视频网站推荐。视频网站首页、内页通常有推荐栏目。为了提高视频浏览量，运营负责人需要与视频网站充分沟通，了解推荐规则，按照推荐规则优化视频并提交视频推荐申请。

（2）主动搜索。用户通常会在搜索引擎网站（如百度、360搜索等）或视频网站（如抖音、快手、哔哩哔哩等）搜索相关关键词，获取需要的信息（见图1-16和图1-17）。显然，排名靠前的视频会获得更多的点击量。

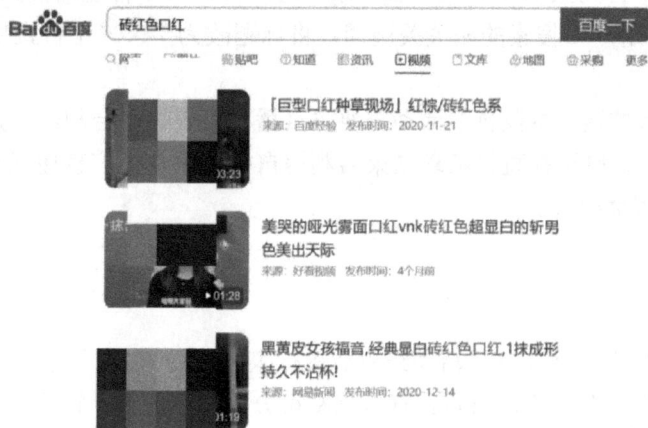

图 1-16

图 1-17

为了让用户搜索相关关键词时发现企业的直播视频，企业新媒体团队需要对视频中的文字进行优化，将相关关键词植入视频标题、视频描述中。

例如，某电商平台的直播视频上传后，原标题为"××平台直播视频"，可增加"购物推荐""买买买"等用户常搜索的相关关键词，将标题改为"××平台直播视频购物推荐，主播带你买买买"。

（3）自媒体平台推送。企业直播活动需要将直播与自媒体平台相结合，可利用直播宣传微博、微信公众号等，也可在直播活动结束后利用自媒体平台推广直播视频，便于未参加直播的平台用户了解直播内容。

## （二）宣传软文

企业新媒体团队通常会在重要活动结束后进行媒体宣传，途径包括电视报道、报纸宣传、网络新闻等。按覆盖人群的不同特点，宣传软文可分为以下 5 类：行业资讯、观点提炼、主播经历、用户体验和运营心得。

### 1. 行业资讯

行业资讯类软文常见于严肃主题直播活动结束后的推广，主要面向关注行业动态的人群。企业通过行业资讯，将直播活动以"行业新事件""业内大事"等形式发布于互联网媒体平台，吸引业内人士关注。

### 2. 观点提炼

撰写观点提炼类软文需要提炼直播核心观点并撰写成文，可以提炼的核心观点包括新科技、创始人新思想、团队新动作等。

### 3. 主播经历

与一般介绍企业的软文相比，主播经历类软文更通俗易懂，更容易拉近与用户之间的距离。因此，在主播经历类软文中植入企业核心信息，可以得到较好的传播效果。

### 4. 用户体验

用户体验类软文完全以第三方的语气讲述一场直播。由于和直播主办方、主播都没有直接关系，因此此类软文更主观、更自由。

### 5. 运营心得

运营心得类软文可以从"如何策划一场直播""大型直播筹备技巧"等角度进行直播运营的心得分享，可以在知乎、直播交流论坛、策划交流网站等平台发布与推广。

## （三）直播表情包

直播活动中，也可以通过截图的形式将有趣的图片保存下来，加上文字制作成直播表情包。直播表情包的制作有发现表情、截取表情、添加文字、使用表情 4 个步骤。

### 1. 发现表情

在直播过程中可以记录一些表情出现的位置，便于直播结束后统一制作表情包。通常可用于制作表情包的直播表情有以下 3 类。

（1）经典同步型。直播中与在互联网上广为流传的经典表情同步的表情，如微信表情、微博表情等，可以在征得本人同意后制作成表情包素材。

（2）夸张表情型。直播参与者无意中出现皱眉、噘嘴、闭眼等相对较夸张的面部表情时，可以在征得本人同意后制作成表情包素材。

（3）动作表情型。直播中的人物动作也可以作为人物情绪的体现，尤其是与台词、口语或流行语相关的动作，可以在征得本人同意后制作成表情包素材。

### 2. 截取表情

静态表情和动态表情的截取方法不同。

（1）静态表情。截取静态表情时，可以直接将视频暂停，使用截图工具（如 QQ 截图、微信截图、浏览器截图等）截取相应的表情。

（2）动态表情。截取动态表情时，可以使用 QQ 影音截取。通过 QQ 影音打开视频，单击页面右下角的"扳手"图标，在弹出的影音工具箱中选择"动画"功能，在弹出的 GIF 制作页面中，通过滑动灰色线条上的调节杆选择动态图的起点与终点，然后进行保存。

### 3. 添加文字

静态表情图可使用 Photoshop 新增图层并添加文字。动态表情图在 Photoshop 里以图层的形式出现，一帧即一个图层。单击页面右下角的"创建新图层"按钮，直接新建图层。选中新建的图层，添加文字。团队名称、品牌名称等可通过水印的形式添加在图片一角。

### 4. 使用表情

表情推广平台包括自媒体、官方群组、表情开放平台。

（1）自媒体。在官方微博、微信公众号等平台为内容配图时可以应用自家表情包进行推广。

（2）官方群组。在粉丝群等官方群组内，可以由管理员带动，在聊天时应用表情包。

（3）表情开放平台。原创表情包可以提交到微信、QQ 等表情开放平台，引导其他用户查看或使用。

# （四级）任务四　数据监控方案的主要内容

## 一、数据监控工作要注意的方面

监控即"监督+控制"。因此，数据监控包括两大关键工作：一是建立数据指标体系，对业务情况进行监督；二是将数据应用到管理流程，实现控制。进行数据监控要注意以下4个方面。

### （一）监控动作的指向要明确

喊"GMV（在一定时间内，直播电商的商品交易总额）降了，要搞高"这句话就跟没喊一样，因为 GMV 看似与每个部门都有关系，是全公司的事，可人人负责，就等于人人无责。太宏观的目标指向不明，无法起到控制作用。可以喊得具体点，比如：

GMV 降了→高端用户少了→用户运营人员想想办法；

GMV 降了→某类产品销量降幅大了→产品运营人员想想办法；

GMV 降了→外部流量太少了→渠道投放人员想想办法。

总之，只有把整体目标具体到某个部门、某个小组，甚至某个人，直接给定关键绩效指标（KPI）/目标与关键结果（OKR），才能有效。因此，在建立数据指标体系时，就不能随意设置分类维度，而应使与部门分工有关的分类维度（如分公司、产品、用户层级等）突出，方便落实责任人。

### （二）监控的时间要提前

如果真等到 GMV 降到很低了才喊"要搞高"就太迟了。实际上，影响互联网营销走势的很多因素可以提前预见，比如以下几个。

正向因素：大促销、新品上市、传统旺季。

负向因素：系统故障、缺货、传统淡季。

不定因素：系统改版、换季。

提前预判很重要，为预判做好准备更重要。因此，在制定数据监控方案时要总结过往经验，了解未来内部计划，甚至收集一些竞争情况，提前判断态势，赶在事前多喊"警惕""提示"，而不是事后人人都看到了才喊"要搞高"。如果仅停留在一个现状数字上，那么会让监控失去意义。

## （三）要保证监控工作中的行动力

行动力比精准预测更重要。预知了问题，如果业务部门行动给力，早早地把问题处理完，哪里还用精准预测？如果业务部门不行动，一直在纠结："我看不会出问题吧""如果自然反弹了呢"，最后就会坐失良机。所以，往往做推测用的是较简单的逻辑。比如，一个月想达到 3 000 万元的业绩，每天的业绩就得达到 100 万元。再如，如果 1 000 万次的流量能转化 20 万元的销售额，转化率为 2%，那么要实现 5 万元的销售额就得有 250 万次的流量。

## （四）要进行监控效果回顾

数据监控方案中，效果回顾不能少，而且要先看是哪个层级的效果，再看具体效果如何。这个工作看似简单，实际很难做到。一是很多业务人员趾高气扬，懒得沟通；二是很多做数据的人员脸皮薄，不敢沟通，闷头搞各种算法模型。这样就很难实现监控体系的顺畅运转。

# 二、主要内容

## （一）衡量营销推广效果的指标

投入产出比（ROI）用于衡量营销推广（如广告投放、活动补贴等）的效果，反映其回报与成本。ROI 指标的使用方法如下。

（1）明确做营销推广想获得什么，如注册用户量的提升。

（2）选定时间范围。推广效果一般会持续一段时间，但选定的时间范围不宜过长，如推广活动开始到推广活动结束后 1 个月或 2 个月。

（3）区分用户量自然增长与推广增长。应把营销推广期间用户的增长中属于自然增长（不用做推广也会增长）的部分去掉。

（4）计算 ROI，详见本项目任务七。

（5）进行 ROI 比较。将计算出来的本次营销推广 ROI 与以前类似推广的 ROI 比较，看看这次的推广效果是好还是坏。如果这次的 ROI 比之前的 ROI 高，同时本次推广是为了宣传产品的某个新功能，那么说明这个新功能还是能够吸引用户的；反之则说明新功能没有吸引力。如果能获得竞争对手的 ROI 数据，那么可以与之对比，看看差距。

## （二）用户行为分析指标

### 1. 活跃用户交易比

活跃用户交易比用于衡量一段时间内（如一天、一周、一个月）交易用户占活跃用户的比例。这个指标可体现商业变现能力。变现用户才是最接近商业模式的群体。如果互联网平台活跃用户很多，但交易用户很少，说明平台的变现能力有问题，没有找到有效的变现途径。

### 2. 复购率

复购率一般有两种计算方法。

第一种：计算单位时间内，消费 2 次及以上的用户数占购买总用户数的百分比。例如，一个月内有 100 个用户购买产品，其中 20 个用户购买了 2 次及以上，那么月复购率就是 20%。

第二种：计算单位时间内，重复购买次数占购买总用户数的百分比。例如，一个月内有 100 个用户购买产品，其中 20 个用户购买了 2 次，10 个用户购买了 3 次，那么月复购率就是 40%。

两种计算方法都用来描述用户行为，虽然计算有差异，但是表述的用户行为是一样的，用户的行为特征不会因为计算方式不同而改变，它是客观的。对于复购率，可以区分购买 2 次的、3 次的、4 次的用户等。为不同购买次数的用户打上不同的标签，对平台深入分析用户行为很有用，可以进行用户画像，对营销策略或产品进行调整。如果获取一个新用户的成本超过了维护老用户的成本，就可以通过分析复购率，研究如何维护老用户，提升其购买频次。

强调一点，复购率是用户行为分析指标，而且是一个结果指标。这个指标展示的是行为的结果，并不是原因。所以，不要用复购率去解释问题，而要探索复购率背后的用户行为，这才是问题的根本。

### 3. 平台交易转化能力（变现率）

变现率指的是互联网平台将 GMV 转化为收入的能力，一般用公式"收入÷GMV×100%"求得。例如，平台 GMV 为 100 亿元，营业收入为 1 亿元，变现率就是 1%，说明很多用户交易并没有为平台带来收入，此时应衡量平台的商业模式是否合理。所谓商业模式就是盈利模式或收费模式。平台用户是收入的贡献者，收入低说明付费用户少。

还可以将这个指标变形为其他形式，比如按业务条线将收入拆分，用某业务条线的收入或交易额衡量其变现能力。商业变现是很多互联网平台面临的问题，平台的流量很大，但是无法将流量变现或者很少变现；如果无法实现盈利，就说明平台商业模式存在很大的问题。

### 4. 指标组合分析

收入、成本、利润等属于财务指标，注册用户数、订单数、SKU（最小存货单位）数等属于业务指标，将财务数据穿插到业务数据中，进行组合分析，能够直观地看到业务数据对财务数据的影响。

# （四级）任务五　音视频转码的方法

## 一、音视频转码概述

音视频转码是将原始音视频文件从一种格式转换为另一种格式的过程，以满足不同设备、平台和网络环境的播放需求。

## 二、音视频转码

### （一）软件转码

FFmpeg：一款开源的音视频处理工具，几乎支持所有的音视频转码。它拥有强大的命令行功能，可以对音视频进行剪辑、合并、分离等操作。对熟悉命令行操作的用户来说，FFmpeg 是一个高效且灵活的选择。

HandBrake：一款简单易用的音视频转码软件，提供了图形用户界面，用户无须编写复杂的命令即可完成转码。它支持多种预设选项和参数设置，可以满足不同用户的需求。

奇客：一款适用于 Windows 和 Mac 系统的音视频转码工具，具有轻量级和易于使用的特点。用户只需导入源媒体文件，选择目标格式，进行参数设置，即可轻松完成转码。

### （二）在线转码

CloudConvert：一个功能丰富的在线文件转换平台，支持超过 200 种文件格式的转换。用户只需上传音视频文件，选择目标格式，进行参数设置，即可通过云端服务器进行转码。转码后的文件可以通过电子邮件或下载链接获取。

Zamzar：一个常用的在线文件转换平台，支持音视频、图片、文档等多种文件格式的转换。用户上传文件后，选择目标格式并输入邮箱地址，平台会将转码后的文件通过电子邮件发送给用户。

### （三）云转码

腾讯云视频处理：提供了一套完整的音视频转码解决方案，包括多种转码模板和参数。用户可以通过腾讯云的控制台或 API（应用程序接口）上传音视频文件，并指定转码参数，系统会自动进行转码处理。这种方式适用于大规模、高并发的转码需求。

阿里云媒体处理：提供了与腾讯云视频处理类似的音视频转码服务，支持多种转码模板和参数，提供了截图、水印等附加功能。用户可以通过阿里云的控制台或 API 进行转码操作。

## 三、转码参数设置

在进行音视频转码时，用户需要根据实际需求设置相应的参数。这些参数包括视频编码格式（如 H.264、H.265 等）、音频编码格式（如 MP3 等）、分辨率、比特率、帧率等。合理的参数设置可以确保转码后的音视频文件在保持较高质量的同时占用较小的空间和具有较快的加载速度。

# （三级）任务六　第三方资源库的建立方法

建立第三方资源库是为了收集、整理和存储各种资源，为用户提供便捷的查找和使用途径。以下是建立第三方资源库的方法。

（1）明确资源库的目标和范围。资源可以包括文档、资料、软件、工具、图片、视频等，也可以涵盖特定主题或领域的资源。

（2）收集资源。可以通过互联网搜索、合作伙伴提供、用户提交等方式获取资源。

（3）分类和整理资源。收集到资源后，要对其进行分类和整理，建立合理的分类体系。可以根据资源的类型、主题、用途等进行分类，以便用户快速找到所需资源。

（4）确定资源描述和标签。为每个资源添加详细的描述和标签，包括资源的名称、作者、来源、格式、大小、更新日期等信息，增加资源的可搜索性和查找准确性。

（5）建立数据库或平台。可选择合适的数据库管理系统或建立专门的资源库平台，用于存储和管理资源信息，并确保资源库的数据结构和查询功能能够满足用户的需求。

（6）设置访问权限。可根据需要，设置资源库的访问权限，可以是公开资源库，也可以是需要注册或付费访问的私密资源库。

（7）设计用户界面。设计用户友好界面，使用户可以方便地浏览、搜索和下载资源；提供多种查找和筛选方式，提高资源利用率。

（8）定期更新和维护。要定期对资源库进行更新和维护，添加新资源，更新旧资源，确保资源的时效性和可靠性。

（9）推广和宣传。可以通过社交媒体、网站链接、合作推广等方式积极推广和宣传资源库，吸引更多用户访问和使用。

（10）收集用户反馈。应定期收集用户对资源库的反馈和意见，了解用户需求和改进建议，不断完善资源库的功能和服务。

可通过以上方法建立一个高效、丰富且易于使用的第三方资源库，为用户提供更便捷的资源访问渠道，提高资源利用率。

## （三级）任务七　投入产出比的测算方法

### 一、投入产出比的定义

投入产出比（ROI）是用于衡量投资项目的经济效益和回报率的指标。它表示投资项目所带来的回报与成本之间的关系。计算公式如下：

ROI=投资回报÷投资成本

如果 ROI 为正数且数值较大，表示投资项目获得了较大的回报，具有较强的盈利能力；如果 ROI 为负数，表示投资项目亏损。

### 二、不同宣传形式的投入和产出

不同的宣传形式会涉及不同的投入和产出。

（1）广告宣传。广告宣传是指通过付费的方式在媒体上发布广告，包括电视广告、广播广告、报纸广告、杂志广告、互联网广告等。投入主要包括广告位费用、制作费用等。产出通常根据广告效果来衡量，如产品销售额的增加、品牌知名度的提升等。

（2）社交媒体宣传。社交媒体宣传是指利用各种社交媒体平台，通过发布内容、进行互动等方式来推广产品或品牌。投入主要包括社交媒体管理和运营成本。产出可以通过粉丝数量的增加、社交媒体互动量的增加、转化率的提高等来衡量。

（3）公关活动。公关活动是指通过与媒体、公众、利益相关者等建立良好关系，提高企业或产品的声誉和形象。投入主要包括公关活动策划和执行的成本。产出通常体现为媒体报道数量增加、品牌知名度提升、公众对企业的好感度增强等。

### 三、评估线上宣传活动的数据指标

直播作为近几年新兴的带货渠道，被许多店铺所应用，特别是在"618""双 11"等促销节点，直播已成常态。直播后，应从店铺的角度，通过分析直播数据，不断优化直播内容，提高曝光度，从而提高店铺销售额，起到拉新、召回老客的作用。

基础数据指标包括：GMV、退款金额、参与人数、直播新客人数、直播老客人数、直播召回老客人数、笔单价（单笔订单均价）、客单价、毛利率、退款率。

（一）效果如何

在进行分析之前，要确定该场直播活动的效果如何，若直播活动是亏钱的，就要考虑减少此类活动。

**1. 从店铺的角度看 ROI，计算直播活动对店铺投入和产出的影响**

（1）投入：①坑位费及其他成本；②稀释老客价值。

投入是此场直播活动所付出的成本——坑位费及其他成本，包括坑位费、运费、包装费、广告费、佣金、人工成本等。至于直播稀释老客价值，举个例子，本来某客户用完纸巾准备再买，但考虑到有直播活动，便会等到有更优惠的直播活动时才买，这使得老客的笔单价降低了，所以说稀释了老客的价值。量化这部分稀释老客价值时，可以计算剔除直播订单的老客的笔单价与含直播订单的老客的笔单价的差值，以及直播老客人数与直播召回老客人数的差值，这两个差值相乘就是稀释老客价值。计算公式如下：

稀释老客价值=（剔除直播订单的老客的笔单价-含直播订单的老客的笔单价）×（直播老客人数-直播召回老客人数）

比如，某客户剔除直播订单的笔单价是 18 元，含直播订单的笔单价是 13 元，该客户直播订单稀释的老客价值是 18-13=5（元）。

（2）产出：①直播净利润；②拉新价值；③召回沉默老客价值。

产出不仅包括当场直播的净利润（GMV-退款金额），还包括拉新价值和召回沉默老客价值。可用以下公式量化这部分新客、老客的价值：

拉新价值=直播新客后续的复购金额×直播新客人数

召回沉默老客价值=直播召回老客之前购买的客单价×直播召回老客人数

比如，假设召回的老客是 365 天未购买产品者，在直播时间段里，召回老客 100 人，这批召回的老客之前购买的客单价是 20 元，则召回沉默老客价值=20×100=2 000（元）。

**2. 举例说明**

主播：小明同学

活动时间：2021 年 6 月 1 日 20:00:00—22:00:00

GMV：1 000 000 元

退款金额：500 000 元

参与人数：50 000 人

直播新客人数：10 000 人

直播老客人数：40 000 人

直播召回老客人数：5 000 人

直播召回老客之前购买的客单价：15 元

直播新客后续的复购金额：15 元

坑位费及其他成本：200 000 元

剔除直播订单的老客的笔单价：30 元

含直播订单的老客的笔单价：22 元

则本次直播活动对店铺投入和产出的影响如下。

投入：坑位费及其他成本为 200 000 元；稀释老客价值=(30-22)×(40 000-5 000)=280 000（元）。

产出：减去退款后的利润=1 000 000-500 000=500 000（元）；拉新价值=15×10 000=150 000（元）；召回沉默老客价值=15×5 000=75 000（元）。

ROI=（500 000+150 000+75 000）÷（200 000+280 000）≈1.51。ROI>1，说明该场直播的收益为正数，投入 1 倍的成本能获得 1.51 倍的回报。

评估直播活动效果模型（单位：元）如图 1-18 所示。

## 评估直播活动效果模型

| 基础指标 | 数值 | 对象 | 数据指标 | 数值 | 计算公式 |
|---|---|---|---|---|---|
| GMV | 1,000,000 | 活动 | GMV | 1,000,000 | |
| 退款金额 | 500,000 | | 退款金额 | 500,000 | |
| 参与人数 | 50,000 | | 减去退款后的利润 | 500,000 | |
| 直播新客人数 | 10,000 | 店铺 | 拉新价值 | 150,000 | 15×10,000=150,000 |
| 直播老客人数 | 40,000 | | 召回沉默老客价值 | 75,000 | 15×5,000=75,000 |
| 直播召回老客人数 | 5,000 | | 回报汇总 | 725,000 | |
| 直播召回老客之前购买的客单价 | 15 | 活动 | 直播坑位 | | |
| 直播新客后续的复购金额 | 15 | | 主播佣金 | | |
| 剔除直播订单的老客的笔单价 | 30 | | 平台佣金 | | |
| 含直播订单的老客的笔单价 | 22 | | 广告费 | 200,000 | |
| | | | 包装费 | | |
| | | | 商品运费 | | |
| | | | 其他（人工/外包等） | | |
| 活动时间：2021-06-01 20:00:00 — 22:00:00 | | 店铺 | 稀释老客价值 | 280,000 | (30-22)×(40,000-5,000)=280,000 |
| | | | 成本汇总 | 480,000 | |
| | | | ROI | 1.51 | 回报汇总÷成本汇总 |
| | | | 利润 | 245,000 | 回报汇总-成本汇总 |

图 1-18

## （二）是否合理

ROI 的合理值因行业、项目类型、市场环境等因素而异。一般来说，ROI 高于 1 被认为获得了较好的投资回报。但 ROI 过高也可能表示数据不准确或未充分考虑风险。ROI 较低可能需要进一步优化宣传策略或调整投资方向。

因此，合理的 ROI 评估需要综合考虑多方面因素，包括投资项目的性质、市场竞争情况、投资周期、风险等。同时，进行 ROI 评估时需要确保数据的准确性和可靠性，以便做出科学和明智的决策。

# 习题

## 一、选择题

1. (        ) 是指用户用百度搜索引擎搜索时输入的词。

A. 搜索词　　　　　　B. 来源词　　　　　　C. 否定词　　　　　　D. 关键词

2. (        ) 用于搜索指定网站上的关键信息。

A. intitle　　　　　　B. filetype　　　　　　C. site　　　　　　D. search

3. (        ) 是产品标题的禁止事项。

A. 注明进货渠道　　　　　　　　　　B. 使用特殊符号

C. 包含产品品牌　　　　　　　　　　D. 标明产品功能属性

4. 制订直播宣传计划的第一步是 (        )。

A. 明确目标　　　　　　B. 组合媒体　　　　　　C. 选择形式　　　　　　D. 整理思路

5. 如果想在某个特定的电商网站搜索关于"运动鞋"的信息，应该使用的搜索语法是

(        )。

A. 运动鞋  filetype:doc　　　　　　　　B. site:网址  运动鞋

C. intitle:运动鞋　　　　　　　　　　　D. 运动鞋-品牌

## 二、简答题

1. 请写出利用百度搜索引擎进行高级搜索的 3 种方式。

2. 请写出产品分类的方式。

3. 请写出用户行为分析指标及其计算方法。

4. 请写出 4 种常见的外部推广方式。

# 设备、软件和材料准备

## 【项目导读】

俗话说："工欲善其事，必先利其器。"要想成为一名出色的主播，除了需要才艺和特长，还需要有各种硬件设备的支持。"磨刀不误砍柴工"，在正式直播之前，要做好准备工作，不仅包括设备和软件等的准备，还包括直播间的运营准备，如摄像头的选择、灯光效果的调试、背景的设置、网络环境的搭建等。只有做好直播前的准备工作，主播才能畅通无阻地进行直播。

本项目将探究拍摄短视频或进行直播的设备、软件和材料准备等内容，包括软硬件安装与调试，道具、场地选择，设备搭建与联调等。

## 【项目目标】

1. 能安装与调试设备
2. 能下载与安装直播软件
3. 能根据直播计划选择道具、场地
4. 能完成多种设备的搭建与联调
5. 能制定设备检测标准

## （五级）任务一　硬件安装与调试方法

拍摄短视频时或进行直播时需要用到的硬件设备很多，下面简要介绍其中的一些常用设备。

## 一、常用设备简介

拍摄短视频时或进行直播时可以选择手机、单反相机、摄像机、航拍无人机等拍摄设备，以及一些辅助设备等。

### （一）拍摄设备

可以根据器材功能、短视频或直播题材选择拍摄设备。

#### 1. 手机

随着手机的广泛普及和短视频平台的日趋完善，短视频创作者可以直接用智能手机拍摄短视频，并上传至短视频平台。很多短视频平台都内置了短视频拍摄、剪辑等功能，大大降低了短视频的制作门槛。用手机拍摄短视频主要有 3 个优点：轻便、方便携带；操作简单，新手也能很快学会；可直接分享，便于互动。当然，用手机拍摄短视频也存在一些缺点，如摄像头清晰度不足，简单的人像拍摄还说得过去，但复杂场景拍摄就可能不够清晰。又如，手机的防抖功能稍差，甚至很多手机没有该功能，以致拍摄的短视频中出现画面抖动情况。

进行手机直播需要的基本设备是手机。手机的配置将直接影响直播时的画质。在选购手机时，一定要关注前置摄像头的像素和系统的运行速度。

#### 2. 单反相机

单反相机即数码单镜反光相机，是一种专业级别的拍摄设备，如图 2-1 所示。其主要特征为单镜头，可以更换；具有可动的反光板结构；有五棱镜；通过光学取景器取景。

图 2-1

使用单反相机拍摄短视频的常见模式包括快门优先（S）、光圈优先（A）和全手动（M）3 种。这 3 种模式都需要由拍摄者来操控，适用于有摄影基础的人员及专业摄影人员，拍摄出来的照片或视频可达到专业水平。

### 3. 摄像机

在拍摄电视节目时都会用到摄像机，这是因为用摄像机拍摄的视频效果很出色。如果需要制作精良的短视频，就必须使用摄像机，如图 2-2 所示。需要注意的是，这里所说的摄像机指业务级摄像机，而不是家用 DV 摄像机。在直播中，目前的拍摄设备以旋转高清摄像头为主。

图 2-2

在使用摄像机拍摄短视频时，需要用到的辅助设备也很多，如摄像机电源、摄像机电缆、摄影灯、彩色监视器、三脚架等。

### 4. 航拍无人机

在某些场景中需要使用航拍无人机进行拍摄，如从高空俯拍一些广阔的场景，如图 2-3 所示。

图 2-3

### （二）辅助设备

要想短视频和直播具有专业水准，还需要借助一些辅助设备实现，如稳定设备、录音设备、照明设备、摄影棚、计算机、声卡等。

### 1. 稳定设备

在拍摄短视频时，首先要解决画面稳定的问题，这就需要用到稳定设备。稳定设备主要有三脚架、轨道车、手持稳定器等。

（1）三脚架。在进行短视频拍摄时，最好选用摄像机三脚架，如图2-4所示。摄像机三脚架和摄影三脚架是有差别的，其材质更轻，使用时更稳，配合摄像机云台，可以完成推、拉、升、降等镜头动作，有助于提升视频画质，更好地完成拍摄任务。

图 2-4

拍摄者可以根据不同的拍摄场景选择三脚架。若为街拍，则可以选用质量轻、体积小、收缩长度较短的三脚架；若拍摄场景在室内或影棚内，则要把三脚架的稳定性放在第一位；在风景旅游拍摄场景中，应选择质量适中的三脚架，因为三脚架过重不易于携带，过轻则容易摇晃。对于不同的题材、不同的拍摄需求，需要选择的三脚架类型和搭配的辅助设备也不同。

（2）轨道车。在拍摄外景与动态场景时，经常会用到轨道车，如图2-5所示。轨道车的种类很多，如非载人电动轨道车、便携式载人轨道车、匀速电动轨道车、脚踏电动轨道车等。

图 2-5

（3）手持稳定器。手持稳定器不仅可以防止拍摄者拍摄时手抖导致画面抖动，还可以辅助进行精准的目标跟踪拍摄，锁定人脸及其他目标拍摄对象，让动态画面的每个镜头都流畅、清晰。另外，手持稳定器还支持全景拍摄和延时拍摄等，能够满足拍摄者对视频拍摄的专业需求，如图 2-6 所示。

图 2-6

手持稳定器适用于很多拍摄场景，如动感的运动拍摄、唯美的 MV 拍摄、日常的旅行拍摄等。正确使用稳定器不仅可以将稳定器的优势发挥到最大，还可以让用户从中掌握视频拍摄镜头的运用方法，使短视频拍摄质量上升一个档次。

## 2. 录音设备

进行短视频制作时，除非计划后期进行消声、配音或重新制作音轨，否则在拍摄现场的收声是很重要的，因为声音是视频的重要组成部分。无论是用手机拍摄，还是用单反相机拍摄，要想提高收声质量，一个简单的办法就是添加指向性麦克风，如图 2-7 所示。指向性麦克风只会收录麦克风所指方向的声音，会在一定程度上削弱对环境音的收录，从而提高收声质量。

图 2-7

如果在直播过程中需要主播移动位置，如展示全身的衣服或鞋包等，可以配置两个麦克风。

### 3. 照明设备

如果在室内拍摄短视频，为了保证拍摄效果，就需要配备必要的照明设备进行补光，如图 2-8 所示。

图 2-8

常用的照明设备有冷光灯、LED 灯、散光灯等，其中散光灯常作为顶灯，照射物体正面或打亮背景。在使用照明设备时，还需要配备相应的照明附件，如柔光板、柔光箱、反光板、格栅、长嘴灯罩、滤镜、旗板、调光器、色板等。

室外视频拍摄一般利用自然光，或者采用"自然光+补光"的方式。利用自然光进行拍摄，可以使拍摄出来的视频效果更加真实，看起来更加自然。

### 4. 摄影棚

摄影棚的搭建是短视频拍摄准备环节支出较高的部分，对专业的短视频拍摄团队而言是必不可少的。

要想搭建一个摄影棚，首先需要一个工作室，面积为 20~30m$^2$，高度最好在 3m 左右。这样可以对一个 3m 宽的标准背景布进行全方位补光，并且给摄影师留足拍摄空间，如图 2-9 所示。

无论哪种摄影棚，其墙壁和屋顶的结构都应满足一般建筑的要求。除此之外，同期录音的摄影棚还需要满足隔音要求，棚内噪声水平必须低于 35dB；需要混响时间较短，以提高语言录音的清晰度，并使之有可能展现出在室外的音响效果。因此，摄影棚的墙壁内部和吊顶都应有较强的吸声能力。

图 2-9

为了排出棚内照明设备等产生的热量和拍摄中使用的烟雾，摄影棚还要设有通风排气设备，通风管道内应配有消声器，以减少来自通风机房的噪声。

必须依照视频的拍摄主题对摄影棚进行装修，最大限度地利用有限的场地。道具的安排也要紧凑，以避免空间上的浪费。由于拍摄场景不是一成不变的，所以摄影棚在场景设计上一定要灵活，以保证在视频拍摄过程中随时改变场景。

5. 计算机

进行推流直播时，需要将摄像机捕捉的画面传输到计算机中的推流软件进行画面直播。计算机的配置过低会影响推流软件的使用。保证直播的流畅性是非常重要的，因为直播卡顿会影响主播的心情，导致直播效果不佳，也会加大用户流失量。为了方便操作，也可以在计算机中安装手机模拟器进行直播，这样直播画面会更清晰。

6. 声卡

声卡分为计算机声卡和手机声卡两种。

（1）计算机声卡。在进行直播所需的设备中，摄像头和麦克风是兼容所有计算机的，但声卡不一定。声卡分为内置声卡与外置声卡两种。内置声卡仅限于在台式计算机上使用，且计算机主板上一定要有一个空置的 PCI（外设部件互连局部总线）插槽；外置声卡主要用于笔记本计算机，也可用于台式计算机，通过 USB 接口连接。从整体上讲，内置声卡的效果要优于外置声卡。

（2）手机声卡。虽然手机声卡很小，但是其功能齐全、使用便捷，直接插上耳机就能使用，可连接外置伴奏设备，也可连接专业麦克风。

## 二、设备调试

1. 计算机调试

系统优化：关闭不必要的后台程序和自启动项，释放系统资源。

显卡和声卡设置：在控制面板中进行显卡设置，确保实现最佳显示效果；在控制面板中设置合适的音频输入/输出参数。

直播软件配置：使用 OBS Studio 等主流直播软件设置合适的视频分辨率、码率和帧率。

### 2. 摄像头调试

检查摄像头是否已正确连接到计算机，并能在直播软件中正常识别。

调整摄像头的角度和高度，确保主播位于画面中心，脸部光线均匀。

使用直播软件的预览功能，检查画面是否清晰、无畸变。

### 3. 麦克风调试

检查麦克风是否已正确连接到计算机，并设置为系统默认录音设备。

进行声音测试，检查录音效果是否清晰、无杂音。

调整麦克风与主播的距离和角度，避免喷麦现象。

### 4. 灯光调试

根据直播间的实际情况调整灯光布局，确保主播脸部的光线均匀。

使用反光板或柔光罩等辅助工具，减少光线直射产生的阴影和反光。

定期检查灯光设备是否正常工作，避免直播过程中光线突变。

### 5. 网络调试

使用测速工具检测网络上行和下行速度，确保满足直播需求。

重启或调整路由器设置，优化网络连接质量。

准备备用网络，如移动热点或无线网络，以防网络中断。

拍摄短视频时或进行直播时，硬件设备的调试是一个复杂而细致的过程。通过选择合适的硬件设备并进行科学的配置和调试，可以显著提升短视频和直播的质量，提升用户的观看体验。此外，还需要关注直播间的整体环境、主播的形象和声音管理等方面，以打造一个专业、高效的短视频制作或直播环境。

## （五级）任务二　软件下载与安装方法

### 一、计算机软件下载与安装方法

可以在计算机浏览器上搜索并下载软件安装包，也可以在电脑管家或软件管家中通过软件栏目搜索并下载软件安装包。软件下载完成后即可进行安装。

## （一）通过浏览器下载后安装

下面以微信为例，讲述通过浏览器下载软件安装包并进行软件安装的步骤。

（1）常见的浏览器如图2-10所示。在浏览器图标上双击即可打开浏览器。

Edge 浏览器　　　　　谷歌浏览器　　　　　360 浏览器

图 2-10

（2）进入搜索引擎（如百度）首页，在搜索框中输入软件名称"微信"，搜索结果如图2-11所示。

图 2-11

（3）在搜索结果页面找到并进入微信软件的官方下载链接，在打开的界面中单击与计算机系统匹配的版本图标，如图2-12所示。

（4）在打开的下载页面单击"下载"按钮，会弹出对话框，提示用户自行选择保存安装包的位置。此处选择本地磁盘（C:），如图2-13所示。下载的安装包是一个以.exe为后缀的文件。

图 2-12

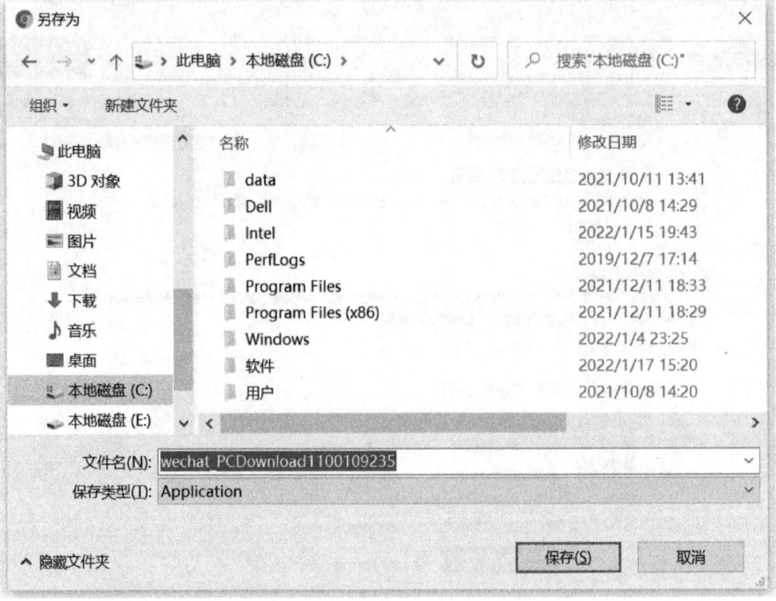

图 2-13

（5）打开安装包保存路径，双击软件图标，按提示进行安装即可。

（二）通过电脑管家或软件管家下载后安装

此处以通过腾讯电脑管家下载和安装抖音为例，讲述下载安装包及进行安装的步骤。

（1）双击"腾讯电脑管家"图标。

（2）在打开的窗口中单击"软件管理"链接，如图 2-14 所示。

图 2-14

（3）进入软件管理界面，找到搜索框，如图 2-15 所示。

图 2-15

（4）在搜索框中输入软件名称"抖音"，按"Enter"键，搜索结果如图 2-16 所示。

（5）单击抖音软件右侧的"安装"按钮，开始下载并安装抖音，如图 2-17 所示。

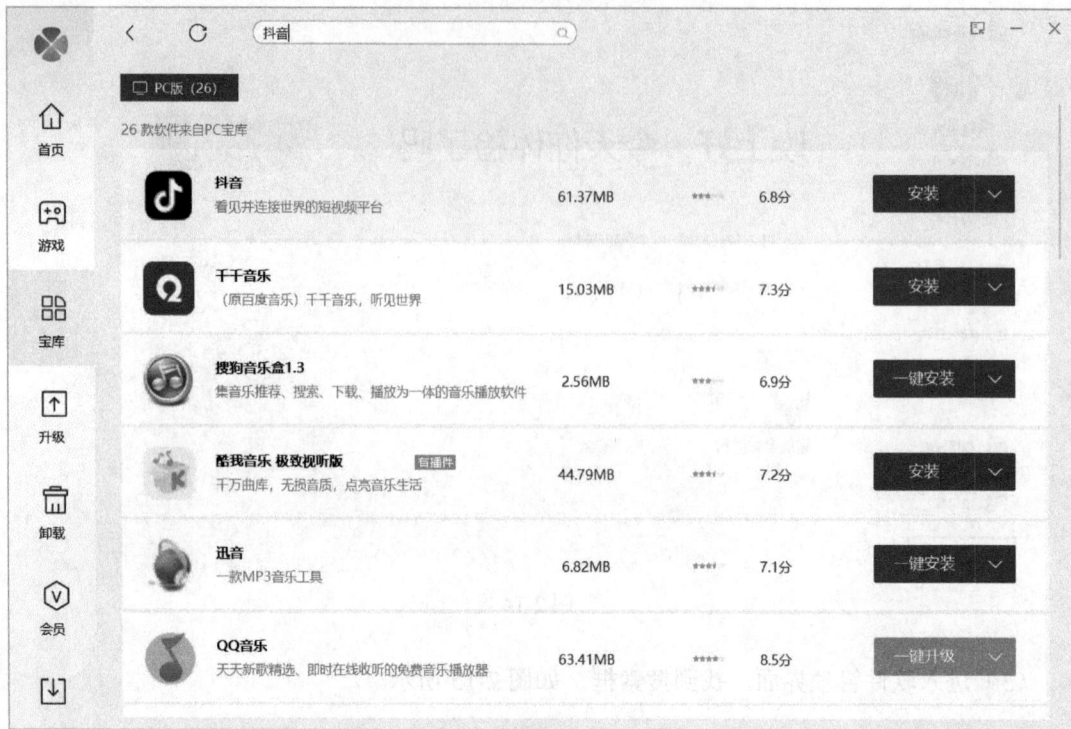

图 2-16

图 2-17

（6）在打开的安装界面勾选"同意'抖音'用户服务协议和隐私政策"复选框，单击"一键安装"按钮即可，如图 2-18 所示。

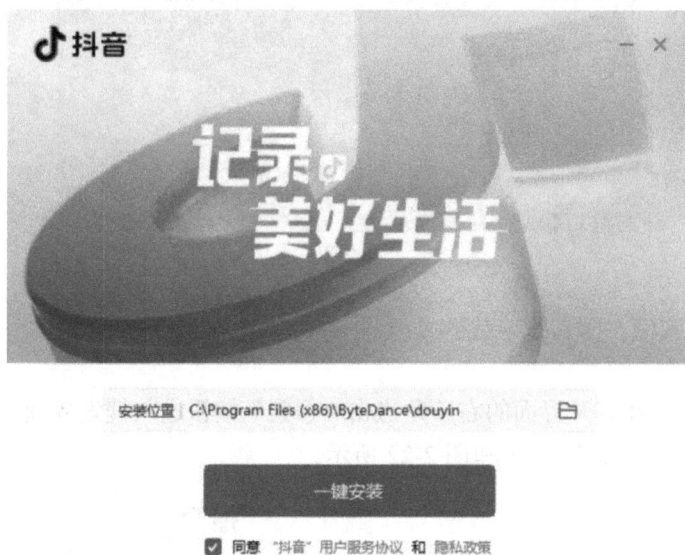

图 2-18

## 二、手机软件下载与安装方法

（一）找到"App Store"或"应用商店"App

（1）苹果系统：点击"App Store"App 图标，如图 2-19 所示。

图 2-19

（2）安卓或鸿蒙系统：点击"应用市场"App 图标，如图 2-20 所示。

图 2-20

（二）找到搜索框，搜索要下载的软件

（1）苹果系统：在打开界面的右下角点击"搜索"按钮进入搜索界面，通过在搜索框中输入关键词进行搜索，如图 2-21 和图 2-22 所示。

图 2-21                                         图 2-22

（2）安卓或鸿蒙系统：直接在打开界面上方的搜索框中输入关键词进行搜索，如图 2-23 所示。

图 2-23

中 项目二 设备、软件和材料准备 43

（三）在搜索框中输入要下载的软件名称

（1）苹果系统：如输入"抖音"，如图 2-24 所示。

图 2-24

（2）安卓或鸿蒙系统：如输入"抖音"，如图 2-25 所示。

图 2-25

（四）下载与安装软件

（1）苹果系统：点击"获取"按钮或 ☁ 图标即可，如图 2-26 所示。

图 2-26

（2）安卓或鸿蒙系统：点击"安装"按钮即可，如图 2-27 所示。

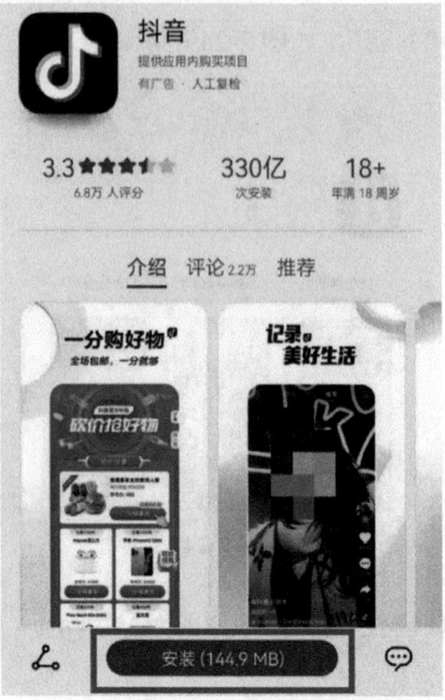

图 2-27

## （五级）任务三　道具、场地选择方法

直播间场景是直播落地的一个重要环节。应根据直播主题、节点、嘉宾等要素的变化选择道具、场地，对直播间的场景进行相关调整、布置。

### 一、道具、场地选择思路

一个优秀的直播间的标准是饱满而不拥挤，既能让用户感受到直播间道具的丰富和视觉上的舒适，又不至于太拥挤。

直播场地的大小应根据直播的内容而有所不同，一般控制在 $5 \sim 20 m^2$。如果是美妆类的直播，选择 $5 m^2$ 的小场地即可；如果是服饰类的直播，要选择 $15 m^2$ 以上的场地。另外，要提前测试场地的隔音和回音情况，隔音不好或回音太重都会影响直播的正常进行。如果实在找不到合适的场地作为直播间，可以考虑直播基地。随着直播电商的发展与火爆，现在很多地方都有专门的直播基地，因此可以选择租赁直播基地，然后进行简单的装修。

（一）直播营销导向场景

在以直播营销为核心的直播间中，应根据直播主题、营销活动、节点等要素进行搭建，如图 2-28 所示。

图 2-28

（二）直播产品导向场景

在以产品为核心的直播间中，应打造与产品相呼应的场景，如美食派对、服装上新周等。

（三）直播主播导向场景

在以主播为核心的直播间中，应根据主播的带货类目及人设特征，打造为主播加分的直播间场景，比如服饰类主播在女装工厂直播，容易体现主播的专业性。

## 二、道具、场地布置

选择了相应的道具、场地后，就要对场景进行布置。可将直播间场景分为 3 个部分：展示区、产品区、道具区。

（1）展示区：核心作用是突出主播讲解及展示的产品。

（2）产品区：通过货架陈列等方式，向用户展示更多的产品，延长用户在直播间的停留时间。

（3）道具区：用于摆放奖品及各类道具，如小黑板等；道具可作为辅助主播进行产品说明、释放福利信息等的工具。

# （四级）任务四　设备搭建与联调方法

## 一、直播间搭建的硬件设备

### （一）直播架

根据使用场景和需求不同，直播架主要有台式直播架、立式直播架和八爪鱼直播架 3 种类型，分别如图 2-29～图 2-31 所示。台式直播架可以满足主播在室内坐着直播、站着直播和在户外直播的需求。

| 图 2-29 | 图 2-30 | 图 2-31 |

### （二）直播灯

根据功能和效果不同，直播灯主要有箱型直播灯、美颜灯和球形直播灯 3 种类型，分别如图 2-32～图 2-34 所示。箱型直播灯可大范围照亮直播间；美颜灯可补充主播面部周围的光线；球形直播灯可照亮直播间，有助于将产品和主播拍得更好看。

图 2-32　　　　　　　　　　　图 2-33　　　　　　　　　　　图 2-34

　　合理的灯光布置有助于实现良好的视觉效果。即便是同样的直播设备，合理的灯光布置也可以让画面更加清晰。光线明亮、色彩鲜艳，让人心情愉悦，用户点进来就愿意多看两眼，也许就能留下来成为粉丝并下单了。因此，装修直播间时一般需要安装主灯和辅灯，具体数量视直播间大小而定。天花板尽量使用柔光来营造环境光，整个房间的色温需要保持统一。

　　在选择主灯时，应重点关注其色温。一般认为 6 000K 以下的光为暖光；6 000K 以上的光为冷光；5 700K 的光为正白光，也就是日光。目前，市场上较常见的灯光的色温标准主要有 3 000K、4 000K、5 700K 这 3 种。针对不同的产品类目，为了凸显产品的特色，整体灯光布局应考虑不同色温，具体如表 2-1 所示。

表 2-1

| 色温 | 适用的产品类目 | 要营造的效果 |
| --- | --- | --- |
| 3 000K | 美食 | 营造咖啡馆、酒店、家庭等环境 |
| 4 000K | 服饰（民族风、田园风）、美妆（生活妆）、珠宝、家居 | 营造温馨气氛 |
| 5 700K | 服饰（欧美极简、小清新）、美妆（显色）、珠宝（翡翠、钻石） | 适用范围广 |

（三）高清手机或专业摄像头

　　直播间至少需配备一部高清手机和一个专业摄像头，如图 2-35 和图 2-36 所示。手机的运行内存+机身内存在 128GB 以上；摄像头分辨率不低于 700 万像素。

图 2-35　　　　　　　　　　　图 2-36

## 二、直播设备的联调方法

### （一）直播设备联调的目标

（1）保证直播的流畅性：避免出现卡顿、掉线等问题，让用户能够顺畅地观看直播内容。

（2）提升画面和声音质量：提供清晰、逼真的视频画面和清晰、无杂音的声音效果，增强用户的观看体验。

（3）优化互动效果：确保弹幕、礼物、评论等互动功能正常，增强主播与用户之间的互动性。

（4）适应不同的直播场景和需求：无论是室内直播还是室外直播，是单人直播还是多人直播，都能通过设备联调达到理想的效果。

### （二）直播设备联调的关键点和注意事项

#### 1. 关键点

（1）设备选择与匹配：根据直播内容和需求选择合适的摄像头、麦克风、计算机等设备，确保设备之间的参数和性能相互匹配，以达到最佳的协同工作效果。

（2）网络环境优化：选择稳定且高速的网络，优先使用有线网络；进行网络测速，确保上传和下载速度满足直播要求；关闭其他占用网络带宽的程序和设备。

（3）软件设置与调试：安装最新版本的直播软件和设备驱动程序；对直播软件进行详细的视频和音频设置，包括分辨率、码率、帧率、音频增益等；测试并选择适合的编码方式和推流服务器。

（4）画面和声音校准：调整摄像头的角度、焦距、亮度、对比度等参数，获得清晰、美观的画面；校准麦克风的音量等，保证声音清晰、无杂音。

#### 2. 注意事项

（1）提前规划和准备：在联调前制订详细的联调计划，明确每个步骤和可能出现的问题及解决方案。

（2）耐心和细心：设备联调是一个细致的过程，需要耐心地调试每个设备和参数，不能急躁。

（3）备份重要设置：在更改关键设置前，要备份原有设置，以便出现问题时能够快速恢复。

（4）安全操作：在连接和调试设备时，要遵循正确的操作步骤，避免误操作导致设备损坏。

## （三）直播设备联调的常用技巧

（1）提前规划布局：在联调前，根据直播内容和场景规划好设备的摆放位置，确保摄像头能够捕捉理想的画面，麦克风能够收录清晰的声音。

（2）测试不同场景：模拟多种可能在直播中出现的场景，如强光、弱光、多人互动等，检查设备在不同情况下的表现，提前调整好相应的参数。

（3）利用手机热点共享网络，将其作为备份网络：常规网络出现问题时，可以迅速切换到利用手机热点共享的网络，保障直播的连续性，但要注意手机流量的使用情况。

（4）注意线缆整理、设备和线缆标记：使用扎带或线槽整理线缆，不仅美观，还能减少因线缆拉扯导致的接触不良问题；在有多套设备或线缆相似的情况下，做好标记能在出现问题时快速找到对应的设备或线缆。

（5）对麦克风进行防喷处理：可以在麦克风上安装防喷网，减少发音时的气流冲击导致的爆破音。

（6）定期更新设备驱动程序和软件：有助于修复已知的问题，提升设备性能和兼容性。

（7）准备备用设备：准备备用麦克风、摄像头等设备，以防主设备在直播过程中突然损坏。

（8）与他人联调：邀请朋友或同事在不同的网络环境和设备上观看测试直播，获取他们的反馈，从不同角度发现可能存在的问题。

（9）记录初始设置：在对设备和软件进行各种调试之前，要记录初始设置，以便在调试效果不理想时能够快速恢复到初始状态。

（10）了解设备的极限性能：通过压力测试，了解设备在高负荷状态下的表现，避免在直播中因超过设备的性能极限而出现问题。

（11）利用耳机进行实时监听：在直播过程中，应通过耳机实时监听声音，及时发现声音异常。

# 🔍 （三级）任务五　设备检测标准与方法

## 一、视频采集设备检测

### （一）检测标准

（1）图像清晰度：视频输出分辨率至少达到 1 080p，色彩鲜艳且无明显噪点。

（2）帧率稳定性：直播推荐 60fps；短视频可根据需求调整，但需保持帧率恒定。

（3）自动对焦与白平衡：在动态场景中，对焦快速准确，白平衡适应性强，颜色不失真。

## （二）检测方法

（1）使用相机或摄像头的内置测试功能测试分辨率、帧率和色彩表现。

（2）利用专业软件（如 Neat Video）进行噪点分析。

（3）在不同光线环境下测试自动对焦速度和白平衡准确性，可借助 OBS Studio 等直播软件的实时预览功能。

# 二、音频采集设备检测

## （一）检测标准

（1）音质纯净：无杂音干扰，语音清晰，背景噪声小。

（2）音量均衡：输出音量适中，无突兀的音量变化。

（3）音频与视频同步：与视频内容相匹配，误差不超过 50ms。

## （二）检测方法

（1）使用 Audacity 软件录制样本音频，分析频谱图，检查噪声水平。

（2）在 OBS Studio 软件中进行监听并调整音量，使用时间轴工具检查音视频同步情况。

（3）实际操作中，进行模拟对话或解说，通过耳机实时监听效果。

# 三、计算机检测

## （一）检测标准

（1）CPU 与内存使用率：直播时，CPU 平均使用率不超过 80%，内存使用率保持在 70% 以下。

（2）硬盘读/写速度：直播时，固态硬盘读/写速度分别不低于 500MB/s 和 300MB/s。

（3）系统稳定性：无频繁的卡顿或死机现象。

## （二）检测方法

（1）通过任务管理器监控系统资源使用情况。

（2）使用 CrystalDiskMark 工具测试硬盘读/写速度。

（3）运行压力测试软件（如 Prime95 和 HeavyLoad）评估系统在高负荷状态下的稳定性。

## 四、设备兼容性检测

（一）检测标准

（1）软件兼容性：OBS Studio、Streamlabs OBS 等主流直播软件无崩溃、异常退出现象。

（2）设备驱动程序：摄像头、声卡等设备的驱动程序为最新版本，无冲突。

（3）插件与特效：直播过程中使用的插件、过渡效果等加载正常，无明显延迟。

（二）检测方法

（1）定期检查更新软件，确保使用最新的稳定版本。

（2）访问设备官网，下载、安装最新版本的硬件驱动程序。

（3）在无网络直播的情况下，预加载所有计划使用的插件和特效，检查运行情况。

## 五、综合实战检测

在正式直播或拍摄前，进行至少 30min 的全流程模拟测试，包括设备连接、软件设置、网络传输、互动等，模拟可能出现的各种情况，确保所有设备在实际操作中的协同工作无误。

## 习题

一、填空题

1. 使用单反相机拍摄短视频的常见模式包括（　　　　　）、（　　　　　）和（　　　　　）3 种。这 3 种模式都需要由拍摄者来操控，适用于有摄影基础的人员及专业摄影人员，拍摄出来的照片或视频可达到专业水平。

2. 拍摄短视频时常用的照明设备有（　　　　）、（　　　　）、（　　　　）等，其中（　　　）常作为顶灯，照射物体正面或打亮背景。在使用照明设备时，还需要配备相应的照明附件，如柔光板、柔光箱、反光板、格栅、长嘴灯罩、滤镜、旗板、调光器、色板等。

3. 计算机声卡分为（　　　　　）与（　　　　　）两种。

二、简答题

1. 请写出直播前进行设备调试的具体方法。

2. 写出具有一定规模的企业和头部主播需要考虑的硬件配置。

3. 直播灯根据功能效果不同有多种不同的类型。分别说明色温为 3 000K、4 000K、5 700K 的灯光适用的场景。

# 风险评估

## 【项目导读】

　　主播和运营人员都无法提前预料突发状况的发生。对主播和运营人员而言，直播无法剪辑或推倒重来，最重要的还是要磨炼出临场反应能力和危机处理能力。直播间突然网络断线、卡顿、闪退，或者连麦出现问题等故障几乎所有主播都遇到过。一旦遇到这种"技术型"问题，就只能通过排查故障或更换设备等操作来恢复。主播可以在信号恢复之后及时在直播间表示歉意，也可以让场控人员协助自己在直播间发红包，与用户保持互动。

　　本项目将探究直播中的风险问题。

## 【项目目标】

1. 能解决断网、断电等故障
2. 能判断营销过程中的法律、法规风险
3. 会预判团队协作风险
4. 会制订风险应对计划
5. 了解设备、技术等故障的排除方法
6. 清楚风险管理奖惩制度的主要内容
7. 了解风险防控方案的评估方法

## （五级）任务一　断网、断电等故障的解决方法

### 一、计算机断网原因分析及解决方法

在使用计算机时经常会遇到断网等故障。计算机网络故障原因大致可以分为以下 4 种：

网络设备和运营商问题、硬件问题、计算机网络设置问题、网卡驱动问题。

（一）网络设备和运营商问题

在计算机没有网络之后，应首先查看光猫、路由器等网络设备是否处于通电状态且正常运行。
常见的网络设备有光猫、路由器、交换机、网卡、网线等。

正常工作的光猫指示灯状态如图 3-1 所示。

图 3-1

路由器指示灯通常可以分为 4 类，分别是电源指示灯、系统指示灯、LAN 指示灯、WAN
指示灯。在路由器设置没有问题的情况下，可以通过路由器工作时指示灯的含义判断路由器
的故障原因，如图 3-2 所示。

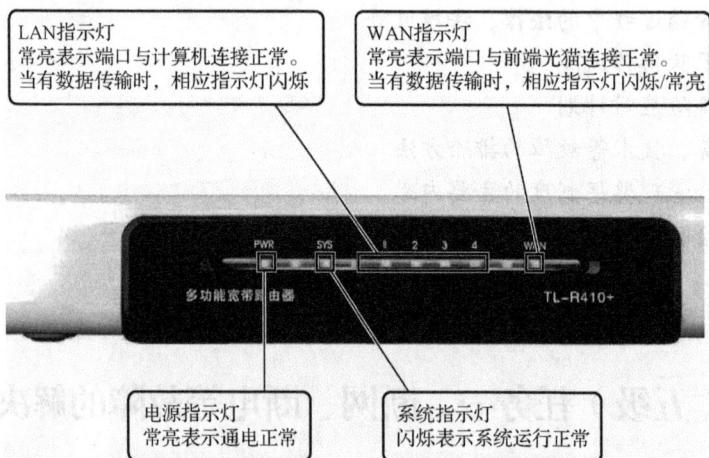

图 3-2

也就是说，可以通过表 3-1 所示的方法进行光猫和路由器主要故障排除。

表 3-1

| 设备 | 指示灯 | 含义 | 正常状态 | 故障状态 |
|---|---|---|---|---|
| 光猫 | PON 数据灯 | 光猫是否已经成功与光纤数据网络建立连接 | 常亮 | 闪烁/熄灭 |
|  | LOS 指示灯 |  | 熄灭 | 闪烁/常亮 |
| 路由器 | 电源指示灯 | 路由器是否通电 | 常亮 | 熄灭 |
|  | 系统指示灯 | 路由器系统是否运行正常 | 闪烁 | 熄灭/常亮 |
|  | LAN 指示灯 | 接口是否与计算机连接正常 | 常亮 | 熄灭 |
|  | WAN 指示灯 | 路由器是否与前端光猫连接正常 | 闪烁/常亮 | 熄灭 |

现实生活中经常出现因网线问题而不能上网的情况。可从以下两个方面进行检查。

（1）手机可正常上网，但计算机网络连接显示红色叉号时，需要第一时间检查计算机和路由器之间的网线是否松动，是否被压断，并尝试重新插拔或更换网线来解决。

（2）如果有线网络和 Wi-Fi 都无法连接，可以检查光猫和路由器之间的网线是否松动，并尝试重新插拔网线来解决。

如果光猫、路由器、网线等网络设备都没问题，那么有可能是宽带欠费，需要联系当地运营商进行确认。

### （二）计算机网络设置问题

常见的计算机网络设置问题主要是路由器配置错误、计算机本地连接或无线网络连接被禁用导致计算机无法上网。

#### 1. 路由器配置错误

这个问题主要出现在新装宽带或更换路由器时。现在的光猫都具备上网功能，计算机连接光猫就可以直接上网。如果直接连接时上网正常而连接路由器后无法上网，说明路由器配置出现了问题，需要检查路由器配置。

#### 2. 计算机本地连接或无线网络连接被禁用

打开"网络和共享中心"窗口，单击"更改适配器设置"链接，在打开的"网络连接"窗口启用被禁用的本地连接或无线网络连接就可以了。

### （三）网卡驱动问题

在排除完上述问题后，如果计算机还是上不了网，那么很有可能是网卡驱动的问题。

按"Win+R"组合键，在打开的"运行"对话框中输入"devmgmt.msc"，单击"确定"按钮或按"Enter"键，打开"设备管理器"窗口。查看网络适配器处是否有黄色感叹号。如果有，那么需要安装或更新网卡驱动。可以在已连接网络的计算机上下载驱动精灵万能网卡版，用 U 盘将其复制到有问题的计算机上，安装后对计算机进行检测。

## 二、计算机断电等原因分析及解决方法

计算机断电有可能导致计算机自动重启或关机等，给用户带来麻烦。当然，计算机故障类型很多，下面仅列举部分问题。

### （一）软件问题

#### 1. 病毒破坏

计算机感染病毒可能导致断电，比较典型的案例就是曾经对全球计算机造成严重破坏的"冲击波"病毒，发作时还会提示系统将在 60s 后自动启动。判断是否属于病毒破坏，可以使用新版的杀毒软件进行查杀。如果计算机感染的是不容易被清除的病毒，最好重新安装操作系统。

#### 2. 系统文件损坏

当系统文件损坏时，系统在启动时将无法完成初始化。对于这种故障，因为无法进入正常的桌面，只能覆盖安装或重新安装操作系统。

#### 3. 定时软件或计划任务软件起作用

如果在"计划任务栏"里设置了重新启动或加载某些工作程序，当定时时刻到来时，计算机会再次启动。对于这种情况，可以打开"启动"项，检查有没有自己不熟悉的执行文件或其他定时工作程序，将其屏蔽后再开机检查。

### （二）硬件问题

#### 1. 市电电压不稳

一般家用计算机的开关电源工作电压范围为170～240V，当市电电压低于170V 时，计算机就会自动重启或关机。对于经常性供电不稳定地区，可以购置不间断电源（UPS）或 130～260V 的宽幅开关电源来保证计算机的稳定工作。

#### 2. 主机开关电源的插头松动

这种情况一般出现在自行组装的计算机上，主机电源所配的电源线没有经过 3C 认证，与电源插座不配套，当晃动桌子或触摸主机时就会出现计算机自动重启或关机的情况。及时更换优质的 3C 认证电源线即可解决。

### 3. CPU 问题

CPU 内部部分功能电路损坏，二级缓存损坏时，计算机也能启动，甚至还会进入正常的桌面进行正常操作，但当执行某些特殊功能时就会自动重启或死机，如画表、播放音乐、玩游戏等。可以直接选用优质的 CPU 进行替换排除。

### 4. 接入外部设备时自动重启

这种情况一般是因为外部设备有故障，如打印机的并口损坏、某个脚对地短路、USB设备损坏对地短路、网卡做工不标准等。当使用这些设备时，就会因为突然的电源短路而引起计算机自动重启。及时更换完好的外部设备即可解决。

## （五级）任务二　营销过程中法律、法规的风险判断方法

### 一、电商企业建设与运营过程中的法律风险点

为了使电子商务网络服务合规有序运营，首先需要了解电商企业的整个服务操作流程，以发现其中的问题，对可能出现的法律风险进行把控。

电子商务建设与运营的一般流程如下：电商企业工商税务登记→网站设计→域名申请与维护→行政备案/审批→网络营销→网站内容管理→电子商务合同签署→线上支付→物流配送→客户关系处理（售后及纠纷解决）。

电子商务实务中所涉法律、法规风险主要与以下事项或内容有关。

#### （一）网站设计

电商企业设立并开展业务，首先要有进行操作的网络交易平台。电商企业在平台开发、网站设计过程中，需要及时对委托开发事项及权利归属进行约定。根据《中华人民共和国著作权法》规定的"受委托创作的作品，著作权的归属由委托人和受托人通过合同约定。合同未作明确约定或者没有订立合同的，著作权属于受托人"，以及《计算机软件保护条例》规定的"接受他人委托开发的软件，其著作权的归属由委托人与受托人签订书面合同约定；无书面合同或者合同未作明确约定的，其著作权由受托人享有"，如受委托制作的系统没有明确约定权利归属，则著作权属于受托人即网站程序开发者。

### （二）域名申请与维护

电商企业通过互联网开展业务，运营自己开发的网站，必须拥有合法的网站域名、空间，加强对域名使用权的保护，以预防域名抢注和变异的发生。对此，最高人民法院出台了《关于审理涉及计算机网络域名民事纠纷案件适用法律若干问题的解释》，为解决此类域名纠纷提供了基本法律依据。

### （三）行政备案/审批

电商企业开展网上业务，必须依法根据《互联网信息服务管理办法》等相关规定进行备案或审批。从事新闻、出版、教育、影视、宗教等 App 互联网信息服务的主办者，在履行备案手续时，还应向其住所所在地省级通信管理局提交相关主管部门审核同意的文件。电商企业需根据实际情况进一步了解管理部门并确认经营类型，及时办理相关证件或进行备案，以免未获得许可或超出许可范围而受到有关部门的处罚，给开展网上业务造成不良影响。

### （四）网络营销

电商企业开展网络营销活动会伴随很多风险和不安全因素。除了互联网操作系统、软件等存在的安全技术风险，交易双方的信用风险应该说是网络营销中的一大障碍。网络营销是基于交易双方相互信任，在虚拟空间中进行的，但在网络用户匿名性的特点下，可能存在用户虚假下单、用户使用信用卡恶意透支，或者以其他方式骗取企业产品、拖欠货款等风险，而电商企业将不得不承担这种风险。

### （五）网站内容管理

电商企业作为服务提供者，应提供规范化的网上交易服务，建立较完善的管理制度和交易秩序。例如，对系统安全及平台信息进行监督和维护；广告和信息的披露合规合法；不损害用户利益，保障用户权益；采取必要措施保护电商企业的商业秘密或用户数据资料信息；制定相关制度保障电商企业、第三方的知识产权等。

网站内容是电子商务交易的基础，电商企业在运营过程中可能出现关于以上内容的法律风险，应在建设网站之初就建立完善的规章制度，并在网站实际运行过程中不断加以完善，以降低风险。

### （六）电子商务合同签署

电子商务合同的内容可能与其他类型的合同无本质区别，但是沟通媒介不同导致其具有自身的一些特点。根据《中华人民共和国民法典》第四百六十九条的规定："当事人订立合同，可以采用书面形式、口头形式或者其他形式。书面形式是合同书、信件、电报、电传、传真等可以有形地表现所载内容的形式。以电子数据交换、电子邮件等方式能够有形地表现所载内容，并可以随时调取查用的数据电文，视为书面形式。"

此外，电商企业应注意网络支付安全、交易电子证据保存等问题，商家与平台的纠纷、消费者与平台的纠纷、消费者与商家的纠纷、知识产权纠纷是电商企业常见的纠纷类型，需要及时关注并加以解决。

## 二、"直播带货"行为存在的主要法律风险及防范建议

### （一）"直播带货"行为的法律风险

"直播带货"并不是一个单一的法律行为，其可能涉及买卖合同的民事法律关系、价格监管的行政法律关系、发布虚假广告（情节严重）的刑事法律关系等多重法律关系，其主要法律风险可从民事、行政和刑事 3 个方面进行梳理和分析。

#### 1. 民事法律风险

（1）侵犯消费者合法权益的民事责任风险。依据《中华人民共和国消费者权益保护法》等法律的规定，商家如果欺骗、误导消费者，提供的产品或服务与直播网络购物合同约定不一致，侵害了消费者的合法权益，则应当承担修理、更换、退货、退款、赔偿损失等违约责任。若主播在直播过程中对产品或服务做出承诺，其也应在承诺的范围内与商家一起承担连带责任。

（2）不正当竞争的民事责任风险。"直播带货"中出现的虚假宣传、欺骗和误导消费者等不正当竞争现象已经引起了社会的广泛关注。依据《中华人民共和国反不正当竞争法》，商家作为商品经营者，不得对其商品的性能、功能、质量等作虚假或引人误解的宣传，不得欺骗、误导消费者。如果商家违反规定，给消费者造成损害，应当依法承担赔偿损失等民事责任。

（3）侵犯知识产权的民事责任风险。商家、主播等有时为了商品或服务的销售量能快速增长，会在"直播带货"过程中销售仿冒其他知名品牌商标的商品，这种"搭便车"的行为不但误导了消费者、侵害了消费者的知情权，而且严重侵害了他人的商标权。针对"直播带货"中侵犯知识产权的问题，相关主体应依据《中华人民共和国商标法》《中华人民共和国专利法》等法律规定承担赔偿责任。

📖 小贴士

在"直播带货"或"短视频带货"过程中常见的违法情形主要包括商标侵权及侵害消费者权益，有兴趣的读者可以上网查询上述情形适用的法律条款。

### 2. 行政法律风险

（1）电子商务违法行为的行政责任风险。《中华人民共和国电子商务法》（以下简称《电子商务法》）针对电子商务平台经营者等相关主体的法律义务和责任做出了规定。例如，直播平台作为电子商务平台经营者，不但应当审查商家的相关经营资质，而且应当定期核验更新等。如果直播平台未履行审核义务，就属于电子商务违法行为，将面临市场监督管理部门的行政处罚。

（2）广告违法行为的行政责任风险。广告以虚假或引人误解的内容欺骗、误导消费者，构成虚假广告。依据《中华人民共和国广告法》（以下简称《广告法》）的规定，发布虚假广告除应对消费者承担民事责任外，商家、主播等营销主体还应承担缴纳罚款、停业整顿等行政责任。

（3）价格违法行为的行政责任风险。商家、主播等在"直播带货"活动中哄抬物价、采用虚假的或使人误解的价格手段诱骗消费者进行交易的（如先抬高售价再故意实施"限时折扣"等销售方式），针对价格违法问题，商家、主播应依据《中华人民共和国价格法》等法律规定承担限期改正、罚款、停业整顿等行政责任。

### 3. 刑事法律风险

当前形势下，国家严打"直播带货"行业乱象。《关于加强网络直播营销活动监管的指导意见》提出，要加大案件查办工作力度，发现违法行为涉嫌犯罪的，应及时将案件移送司法机关。因此，相关主体应当重视"直播带货"活动中可能涉及的刑事法律风险。"直播带货"常见的刑事罪名如下。

（1）虚假广告罪。广告主、广告经营者、广告发布者违反国家规定，利用广告对商品或服务作虚假宣传，情节严重的，构成虚假广告罪。虽然《中华人民共和国刑法》未将主播列为虚假广告罪的犯罪主体，但如果主播的身份与广告主或广告经营者的身份存在重合，又或者与法律规定的犯罪主体串通、共同实施虚假广告行为，其就可能以虚假广告罪被追究刑事责任。当然，有些时候，主播的行为虽然客观上进行了不真实的广告宣传，但不具有主观故意欺骗的意图，不能以本罪论处，需要具体案情具体分析。

（2）销售假冒注册商标的商品罪。销售假冒注册商标的商品罪，从犯罪行为上看包括两个具体行为，即假冒注册商标的行为和销售假冒注册商标的商品行为。本罪不仅侵犯了消费者的合法权益，还侵犯了他人的商标专用权，扰乱了社会主义市场经济秩序。"直播带货"活动中，常常有商家、主播等销售假冒注册商标的商品且非法获利金额巨大，极易构成本罪。

（3）生产、销售假药或劣药罪。《最高人民法院 最高人民检察院关于办理危害药品安全刑事案件适用法律若干问题的解释》规定，明知他人生产、销售假药、劣药，仍提供广告宣传等帮助行为的，以生产、销售假药、劣药罪共犯论处。在直播营销行为中，如果商家、主播等销售所含成分与国家药品标准规定成分不符的药品，可能构成生产、销售假药、劣药罪。

（4）诈骗罪。如果商家、主播等主体利用直播，以非法占有为目的发布虚假信息，骗取用户财物，其行为可能构成诈骗罪。例如，主播通过抽奖、虚假承诺等方式，直接骗取用户钱财。需要特别说明的是，即使主播并没有直接参与到诈骗行为实施过程中，但是若推广了诈骗信息且导致他人遭受财产损失，那么也有可能因推广诈骗信息而被认定为诈骗罪的帮助犯。

## （二）针对"直播带货"法律风险的防范建议

### 1. 直播用语中不得含有《广告法》禁止的内容

例如，在对商品进行介绍时，应避免使用过度夸张的词语形容商品。例如，《广告法》第九条规定，不得使用"国家级""最高级""最佳"等用语。另外，相关推广用语所表述的内容应当真实、合法，不得含有虚假或引人误解的内容。应规范直播时的商品描述，客观公正地评价推荐的商品，谨慎评价其他同类商品。

### 2. 主播应试用相关产品

《广告法》第三十八条规定："广告代言人在广告中对商品、服务作推荐、证明，应当依据事实，符合本法和有关法律、行政法规规定，并不得为其未使用过的商品或者未接受过的服务作推荐、证明。"而主播在"直播带货"过程中会不可避免地对商品、服务作推荐、证明，因此应当在开播前或直播过程中进行试用，以符合法律规定。

### 3. 对商品信息进行核实，避免虚假宣传

开播前，选品团队要充分了解商品的基本信息、销售数据、专利信息、使用效果等内容。MCN（多频道网络）机构可要求品牌方就商品的下列信息提供相应的说明或证明文件：商品的性能、功能、产地、用途、质量、规格、成分、价格、生产者、有效期限、销售状况、曾获荣誉等，或者服务的内容、提供者、形式、质量、价格、销售状况、曾获荣誉等，MCN机构应设立专门岗位，负责初步审查、核实品牌方提供的说明文件信息的真实性，尽到合理的注意义务。

### 4. 尽量避免对特殊商品进行推荐

由于医疗、药品、医疗器械、保健食品、烟酒等涉及生物医药或人体健康，所以无论是前置审批手续还是推广过程，要求均比其他普通商品高得多。MCN机构应尽量避免与敏感行业的品牌方合作，若与该等品牌方合作，应当要求其提供相关资质文件，确保其具有相应的生产、销售资质，产品已取得相应的批文。还要注意履行广告审批机关的审批程序，对照相应商品的推广规范拟订特定的推广、直播方案，进行合规性审查，避免产生不必要的法律风险。

### 5. 办理市场主体登记手续

若MCN机构或主播自建店铺进行销售，应当符合《电子商务法》的规定，依法进行市

场主体登记，销售商品或提供服务应当依法出具发票等购货凭证或服务单据，并在网店首页显著位置持续公示营业执照信息、与其经营业务有关的行政许可信息等。

### 6. 完善与品牌方之间的合作合同

MCN 机构需要视情况对品牌方进行一定的背景调查，关注品牌方的资信情况、需带货商品的合规问题，要求品牌方提供相应的资质证明文件和资料，避免出现违反法律法规规定、侵犯第三方权益的情况。良好的商品品质及口碑有助于塑造直播带好货的形象及口碑，不至于"带货翻车"。

同时，MCN 机构应安排专门的法务人员或律师认真起草和审查合作合同，对双方的利润分配模式（一口价、基础费用加提成、按直播收看人数计算等）、产品责任划分（如果所销售的商品存在质量问题或给消费者造成损失，由谁承担最终责任）、优惠券结算（以优惠券计算服务费时，明确是按张数还是按每单销售额；以 GMV 计算佣金时，明确含不含退/换货订单；明确 ROI 计算方式和退还方式，必要时用公式举例说明）、知识产权归属等易产生争议的问题，提前做好约定，以免影响自身的利益及与品牌方的友好合作关系。

### 7. 依法纳税

税收关乎国之大计、关乎民生。积极纳税是每个公民应尽的义务。互联网绝非法外之地，法律红线不可触碰，MCN 机构及主播不可存侥幸心理。在大数据、强征管形势下，MCN 机构和主播应进行充分的自查分析，评估个人及企业历史交易的税务风险。如发现问题，应及时与主管税务机关进行积极有效的沟通，做好自查补税方案，进行自查补税，尽可能减少对企业及自身的影响。

## （四级）任务三　团队协作风险的预判方法

进行直播可能存在的风险主要有以下几类。

## 一、内容风险

直播活动打造了一些"好内容"，也导致出现了一些不合法现象。同质化直播内容的出现，致使直播平台产生内容运营风险。

在"内容为王"的时代，低俗的内容等或许可以在短时间内引来用户的关注，但是从长远发展的角度来看，存在巨大的法律风险，也不利于直播电商长期发展。

## 二、产品风险

产品风险分为产品价格风险和产品质量风险。

### 1. 产品价格风险

主播经常会强调产品折扣价与原价之间的差距。在直播中，原价一般指产品上市之日的出厂标价。但这个价格很可能标得虚高，从而使折扣力度显得很大。在直播实践中，不少主播存在"虚构原价"等问题。

### 2. 产品质量风险

产品质量风险包括外在质量和内在质量。外在质量指产品的造型、工艺、色彩等，内在质量指产品的性能、使用的安全性等。

## 三、供应链风险

直播供应链涉及的风险可能存在于品牌定位、定款、定数量、定价、直播、发货、售后环节中。

如果品牌商不能提供快速的品牌供应服务，会极大地降低用户满意度，而快速响应对供应链的体量、生产能力、发货能力、物流速度等都提出了较高的要求。因此，在直播之前，直播团队会先进行直播销量的预测。但如果把直播销量预测得过高，库存过大，会带来巨大的资金压力。

## 四、售后风险

在直播低价的促使下，用户容易被激起购物冲动。收货后，不少用户因产品质量、尺寸不满意而退/换货等。

## 五、人员变动风险

直播团队人员变动，很可能给直播带来影响，使直播效果大打折扣。因此，在直播团队组建过程中，要注意规避人员变动所带来的风险。

（1）直播账号身份认证、手机绑定。直播账号一定不要绑定流动人员的身份证号和手机号，最好绑定可靠人员的身份证号和手机号。

（2）出镜人员工作内容应单一。对一个企业来说，所有工作都由出镜人员做不是一件好事。如果出镜人员什么都会干，那么很可能在账号起量后另立门户，带走资源。

（3）要签订合同，维护企业的利益。直播团队的员工或专门招聘的演员如需出镜，最好再签订一份出镜人员补充协议或合同。

# （四级）任务四　风险应对计划的制订方法

风险应对计划是在面对不确定性和风险时采取的措施和行动方案，旨在降低或规避潜在的风险对组织目标和项目的影响。以下是风险应对计划的制订方法。

## 一、识别与评估风险

应对可能面临的风险进行全面的识别与评估，即识别可能的风险事件，对其发生的概率和影响进行评估，确定风险的影响程度。

## 二、制定风险应对策略

应根据风险的影响程度制定相应的风险应对策略。常见的风险应对策略包括规避、降低、转移、接受等。

### （一）规避风险

对于难以控制的高风险，可以采取规避策略，即避免参与可能带来风险的活动，以降低潜在风险发生的可能性。

### （二）降低风险

对于无法完全规避的风险，可以采取降低策略，即通过采取措施降低风险发生的可能性和影响程度。

（三）转移风险

可将部分或全部风险转移给其他方，如购买保险或与合作伙伴达成协议，以减小自身承担的风险。

（四）接受风险

对于难以避免的低风险，可以选择接受策略，即接受风险可能带来的影响，并在发生时采取应对措施。

## 三、制定应急预案

针对关键风险事件，应制定详细的应急预案，确保在风险发生时能够迅速响应和处理，以减少损失。

## 四、沟通与培训

与相关人员就风险应对计划进行充分沟通，必要时开展培训，确保相关人员了解并能执行计划。

## 五、监控与更新

应定期监控风险的情况，根据实际情况及时对风险应对计划进行更新和调整，确保计划的有效性和适应性。

## 六、记录与总结

应对风险应对计划的制订过程进行记录与总结，以便未来面对类似风险时能够借鉴经验。

综上所述，制订风险应对计划需要全面分析和综合考虑各种风险因素，确保应对策略和措施能够真正降低风险带来的影响，保障组织的安全和可持续发展。

# （四级）任务五　设备、技术等故障的排除方法

直播间常出现的突发状况就是设备、技术等故障，如突然断线、卡顿、闪退等。那么，该如何应对这些意外状况呢？

## 一、断线问题

出现直播断线的原因一般有两种：一种是网络问题；另一种是因违规而被平台处罚。

网络问题很好解决，可切换到网络稳定的场景继续直播，也可用本项目任务一述及的解决方法来处理。另外，在条件允许的情况下，最好保证直播设备单独使用一个网络。

如果因违规而被平台处罚，那么需要查看处罚原因和时长，再根据具体问题找到具体解决方法。

## 二、卡顿问题

出现直播卡顿的原因通常也有两种：一种是网络环境较差；另一种是设备配置较低，带不动直播。如果是网络问题，解决方法同上；如果是设备问题，那么及时更换设备便可解决。

## 三、闪退问题

出现直播闪退的原因通常也有两种：一种是设备内存可能被其他程序占用；另一种是设备本身的内存就不够，可以重启程序后再次登录。

当然，除了上述 3 种常见故障外，还有音画不同步、无声音等故障。不过，通过检查相关设备、重启程序、检查网络、更换设备等方式，一般都能很好地解决。值得注意的是，如果直播时有个别用户反馈听不见、看不见或卡顿等，有可能是用户自己的原因，主播可提示用户检查自己的设备，不影响直播的正常进行。

# （三级）任务六　风险管理奖惩制度的主要内容

风险管理奖惩制度是一种在组织内用于鼓励风险管理和惩罚风险违规行为的制度。它有助于激励员工积极参与风险管理，并促使组织更好地管理潜在风险。以下是风险管理奖惩制度的主要内容。

## 一、奖励制度的主要内容

### （一）风险识别奖励

奖励发现和报告潜在风险的员工，鼓励员工积极参与风险识别和提供有关风险的信息。

### （二）风险管理创新奖励

奖励创新风险管理方法和策略的员工，鼓励员工寻找更有效的风险管理解决方案。

### （三）风险管理执行奖励

奖励成功实施风险管理计划并取得显著成果的团队或个人。

### （四）风险培训和学习奖励

奖励参与风险培训和学习的员工，增长员工的风险管理知识，提高员工的相关技能。

### （五）风险文化奖励

奖励在组织内推动积极的风险文化、倡导风险意识教育的员工。

## 二、惩罚制度的主要内容

### （一）违规惩罚

对违反风险管理政策、流程或准则的员工采取相应的惩罚措施，如警告、停职、解雇等。

（二）不诚实行为惩罚

对隐瞒风险信息、提供虚假信息或有其他不诚实行为的员工实施惩罚。

（三）违规操作惩罚

对违反风险管理操作程序的员工进行适当的惩罚，以保证操作的合规性和安全性。

（四）违约责任

根据风险管理政策，规定有风险违规行为的员工的违约责任，包括经济赔偿等法律责任。

（五）违规记录

记录和追踪员工的违规行为，以便后续监管和处罚。

（六）惩罚制度透明度

应确保惩罚制度的透明度，让员工清楚地知道各类违规行为和相应的惩罚措施。

## 三、其他内容

（一）激励机制

奖惩制度中应该有一定的激励机制，确保奖励和惩罚相对合理，既能激励员工积极参与风险管理，又能惩罚不良行为。

（二）评估和调整

应定期评估奖惩制度的效果，根据实际情况进行调整和改进，以确保其持续有效。

（三）风险宣传

将奖惩制度的内容和目的告知员工，让员工了解制度的重要性和影响。

（四）合规性和公平性

确保奖惩制度符合法律法规，同时保证奖惩的公平性和一致性。

奖惩制度应该根据组织的需求和风险管理政策进行定制，同时应与组织的文化和价值观相符。

## （三级）任务七　风险防控方案的评估方法

评估风险防控方案的有效性是确保组织能够适应和应对不同风险的关键步骤。以下是一些常见的评估风险防控方案的方法。

### 一、风险评估和分析

应对已实施的风险防控方案进行评估，分析其是否覆盖了可能的风险，并评估对应的风险程度和潜在影响。

### 二、指标和标准对比

将风险防控方案中设定的指标和标准与实际情况进行对比，确定是否达到了预期的目标和要求。

### 三、实施情况审查

审查风险防控方案的实施情况，检查是否按照计划进行，是否存在延误、漏洞或其他问题。

### 四、成果和效益评估

评估已实施的风险防控方案是否取得了预期的成果和效益，如降低了事故频率、提高了生产效率等。

## 五、演练和模拟

进行演练和模拟，测试风险防控方案在实际应急情况下的可行性和有效性。通过演练可以发现潜在问题并及时纠正。

## 六、经验教训总结

从过去的风险事件中汲取教训，评估现有的风险防控方案是否能够应对类似的风险，进行不断改进。

## 七、监测和预警

确保风险防控方案中的监测和预警系统正常运行，能够及时发现风险迹象。

## 八、反馈和建议收集

收集员工、管理人员和其他相关人员的反馈和建议，了解他们对风险防控方案的看法和改进意见。

## 九、持续改进

基于评估结果，及时进行风险防控方案的持续改进，如调整措施、更新指标、提升效率等。

## 十、专业评估

可以请专业的风险管理机构或顾问进行独立的评估，从外部角度评价风险防控方案的有效性。

## 十一、定期审查

设定定期审查时间表,对风险防控方案进行全面审查,以确保其与变化的风险环境保持一致。

综合运用上述方法,可较全面、准确地评估风险防控方案的有效性,并及时采取必要的调整和改进措施,以确保组织能够应对不断变化的风险挑战。

## 习题

一、判断题

1.在路由器设置没有问题的情况下,可以通过路由器工作时的指示灯判断路由器的故障。(　　)

2.路由器的电源指示灯常亮表示系统运行正常。(　　)

3.路由器的系统指示灯常亮表示系统运行正常。(　　)

4.病毒破坏或系统文件损坏均可能导致计算机断电。(　　)

5.若主播宣传推广了诈骗信息且导致他人遭受财产损失,但其并没有直接参与到诈骗行为实施的过程中,便不会被认定为诈骗罪的帮助犯。(　　)

二、简答题

1.简述计算机无法上网的原因及解决方法。

2.简述计算机断电的原因及解决方法。

3.请提出3点针对"直播带货"行为的法律风险防范建议。

4.简述通过电脑管家检测本地网络是否稳定的方法。

5.简述直播间常见的设备、技术等故障及其排除方法。

| 项目四 |

# 技术支持

## 【项目导读】

与互联网录播节目或网络视频不同，网络直播完全即时地呈现在用户面前，任何不当的动作或不合时宜的语言，都会被用户直接看到，严重的话会引起弹幕刷屏。虽然已经在直播前进行了硬件调试、软件测试，也策划好了直播整体流程与各环节话术，但并不会万事大吉。直播活动不是一次生硬的演讲，照着直播策划书"念稿子"会导致用户退出直播间，直接影响直播效果。

一场好的直播活动，需要做好两方面的平衡：一方面是前期策划，主播后续按照策划好的流程与台词去完成直播；另一方面是与用户互动，主播需要友好地引导用户参与直播中的环节。在直播进行中，技术方面的支持也必不可少。

提前准备对应产品链接、选择合适的设备、配置必要的功能、关注实时数据等是本项目将探究的重要内容。

## 【项目目标】

1. 能测试网络环境
2. 能连接与测试直播设备
3. 能发布产品链接
4. 能熟知直播所需设备的选择要求
5. 能在直播间配置功能
6. 能将企业提供的产品素材上传至直播间
7. 能制定现场设备管理方案
8. 能制定现场技术团队协作规则
9. 能提供互动特效的技术支持
10. 能提供动态网络舆论数据
11. 能提供直播实时数据

# （五级）任务一 网络环境测试

判断本地网络好坏，一是看本地网络到骨干网的延迟，二是看本地网络是否跳 ping、丢包。那么如何检测本地网络是否稳定呢？下面简单介绍两种方法。

## （一）ping 网址进行检测

首先进入 DOS 环境。不同系统的进入方式不同，以下仅列举在 Windows 7 系统、Windows 8/10 系统中进入 DOS 环境的方法。

Windows 7 系统：在计算机桌面选择"开始"菜单中的"搜索"命令，在弹出的对话框的搜索框中输入 cmd，按"Enter"键。在弹出的对话框中输入 ping www.（三级）.com -t，按"Enter"键。

Windows 8/10 系统：在计算机桌面左下角的 ⊞ 图标处单击鼠标右键，在弹出的快捷菜单中选择"运行"或"命令提示符"命令。在弹出的对话框中输入 ping www.（三级）.com -t，按"Enter"键。

约 1min 后，可按"Ctrl+C"组合键结束，系统会根据最短时间、最长时间、平均时间及丢包率判断本地网络是否正常。

正常状态下，最短时间、最长时间、平均时间相差不大，丢包率为 0，如图 4-1 所示；若网络处于不稳定的异常状态，则最短时间、最长时间、平均时间相差较大，大多有丢包率。

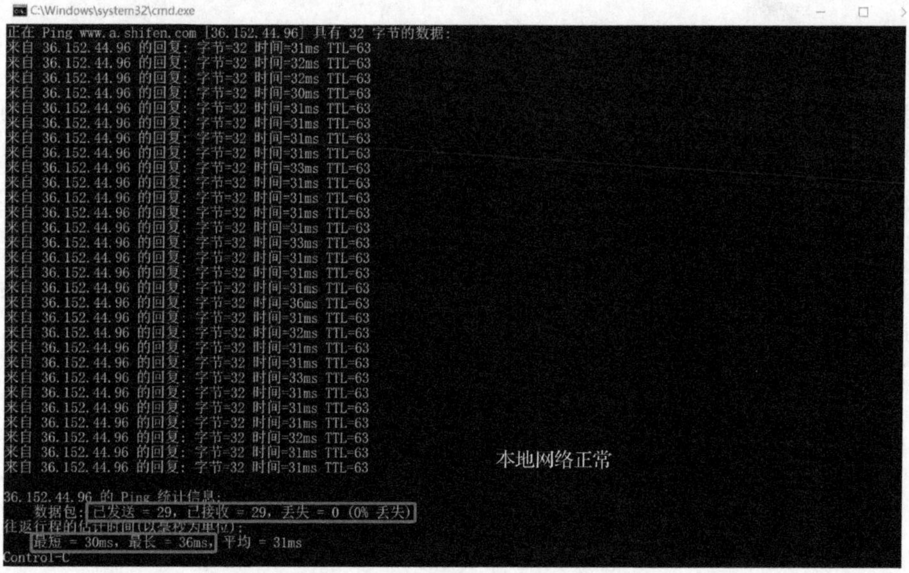

图 4-1

（二）用电脑管家等工具检测占用大量带宽的程序

360安全卫士、金山卫士、电脑管家等都可以检测占用带宽的程序。以电脑管家为例，在其主界面依次单击"工具箱"—"流量监控"按钮，在打开的"网络流量管理"页面查看是否有流量大的程序，如图4-2所示。若有，且暂时不用，将其关掉即可。

图4-2

# （五级）任务二　直播设备连接与测试

直播设备连接与测试主要包括4项内容：机位设置、直播间测试、网络测试，以及线缆连接与归置。

1. 机位设置

在直播过程中，有时需要全景画面，有时需要近景画面，有时需要特写画面。为了保障画面的成像效果，需要设置多机位。一般来说，直播间设置的机位主要有以下3种。

（1）商品特写机位，以特写镜头展示商品细节。

（2）主播的中、远景机位，塑造商品的使用场景，展示商品全貌，营造代入感。

（3）主播的近景机位，拍摄主播面部、手部等位置，展示商品的使用过程。

2. 直播间测试

直播间测试内容包括直播间的进入渠道、直播画面的清晰度、声音采集效果等。可以直接进入相关网站进行测试。如图 4-3 所示为声音采集效果测试界面。

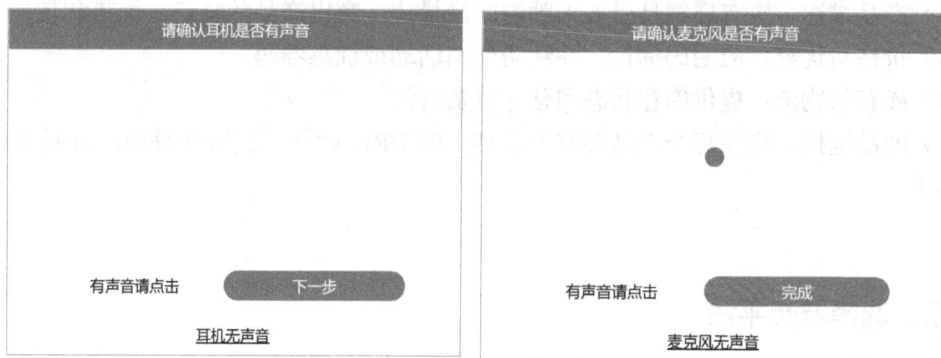

图 4-3

### 3. 网络测试

网络测试内容包括网络的稳定性和传输速度，如图 4-4 所示。

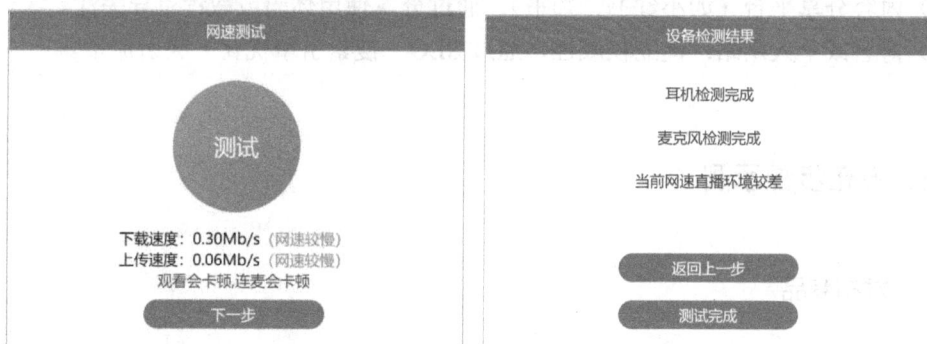

图 4-4

### 4. 线缆连接与归置

直播前应确保网线、电源线等线缆正常连接，并将其归置好，以免阻碍人员行动。

## （五级）任务三　产品链接发布

### 一、准备产品信息

（1）产品图片：高质量、吸引人的产品图片是关键。应确保产品图片清晰，且最好有多个角度的展示。

（2）产品描述：应有详细且引人入胜的产品描述，突出产品的特点、优势和使用场景。

（3）价格与优惠：应明码标价，并注明促销活动或优惠券码。

（4）库存与物流：提供库存状态和预计发货时间。

（5）产品链接：确保每个产品都有一个唯一的 URL（统一资源定位符），方便用户直接点击购买。

## 二、选择发布平台

常见的平台包括但不限于以下几类。

（1）电商平台（如淘宝、京东、亚马逊）：适合直接销售。

（2）社交媒体（如微博、微信公众号、抖音、快手）：适合通过内容营销引导销售。

（3）内容分享平台（如小红书、知乎）：通过分享使用体验或教程引导关注。

（4）博客或个人网站：建立权威性，通过 SEO（搜索引擎优化）吸引流量。

## 三、发布步骤示例

### （一）发布商品

抖音直播中，发布商品可以在抖音手机端进行，也可以在抖音计算机端进行。下面以在抖音手机端发布商品为例进行简要介绍。

抖音直播购物车中可以是自己小店的商品，也可以是其他小店的商品。

先打开抖音 App，点击下方的加号，点击"开直播"按钮，进入直播准备页面，如图 4-5 所示。点击"商品"按钮，进入选品页面。

在选品页面，可以从橱窗、小店中添加商品，也可以通过粘贴链接添加商品，如图 4-6 所示。

（1）橱窗：如果橱窗中有商品，可以直接选中商品，点击"确认添加"按钮将其添加到直播购物车。

（2）小店：如果绑定了抖音小店，页面中会显示小店里的商品，可以直接选中商品，点击"确认添加"按钮将其添加到直播购物车。

（3）粘贴链接：如果要添加其他小店的商品，可以直接粘贴商品链接，点击"确认添加"按钮将其添加到直播购物车。

图 4-5

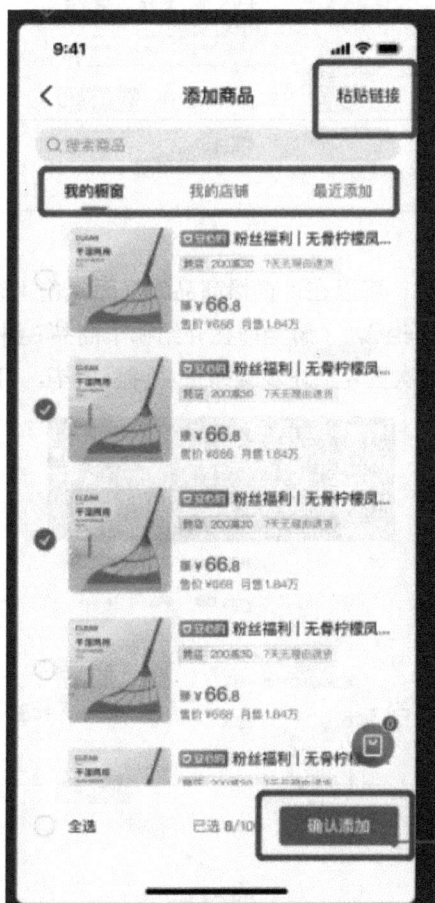

图 4-6

**（二）设置卖点**

将商品添加到直播购物车后，可以设置卖点，这样有利于促进成交。

添加完商品后，返回直播准备页面，再次点击"商品"按钮，即可看到直播商品。点击铅笔图标按钮，在弹出的页面录入产品卖点（不得超过 15 个字），点击"确认"按钮。设置好的卖点以红色文字显示在直播商品处，如图 4-7 所示。

图 4-7

**（三）设置讲解卡**

开播后，讲解某款商品时，可以在"直播商品"页面点击"讲解"按钮，如图 4-8 所示，用户端可以看到讲解卡（见图 4-9），了解当前在介绍哪个商品。讲解卡展示一段时间后会自动消失，如果希望持续出现，再次重复上述步骤即可。讲解完毕，可以点击"取消讲解"按钮。

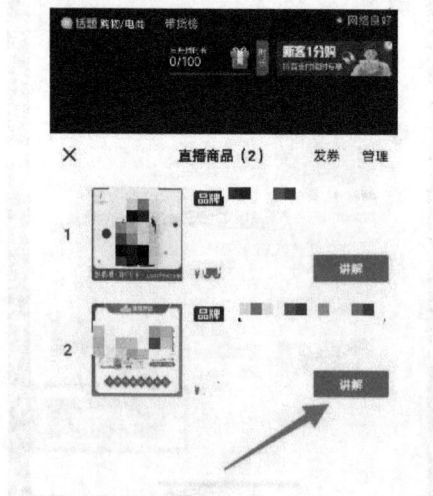

图 4-8

图 4-9

## （四级）任务四　设备选择的要求

### 一、直播摄像头的选择要求

想进行直播，摄像头是必不可少的，而摄像头的功能参数直接决定直播画面的清晰度，影响直播效果和用户的观看体验。那么，该如何选择一款合适的摄像头呢？下面列出一些热门摄像头和摄像头品牌排行榜（来自"中关村在线"），供读者参考和借鉴，如图 4-10 所示。

在选择摄像头时，主要考虑两个因素：一是摄像头的功能参数，参数越优，输出的视频分辨率就越高，呈现的视频画面也就越清晰；二是摄像头的价格，对大多数人来说，购买任何东西都有预算，这时产品的性价比就显得尤为重要。基于以上两个因素，推荐选择品牌排行榜靠前的热门摄像头。

图 4-11 所示为某摄像头的重要参数。可以看出，该摄像头的配置很不错，产品类型为高清摄像头，最大帧频为 30fps，动态分辨率达到了 1 920px×1 080px，还支持 USB3.0，内置麦克风；价格不到 500 元，对绝大多数人来说还是可以接受的，性价比较高。

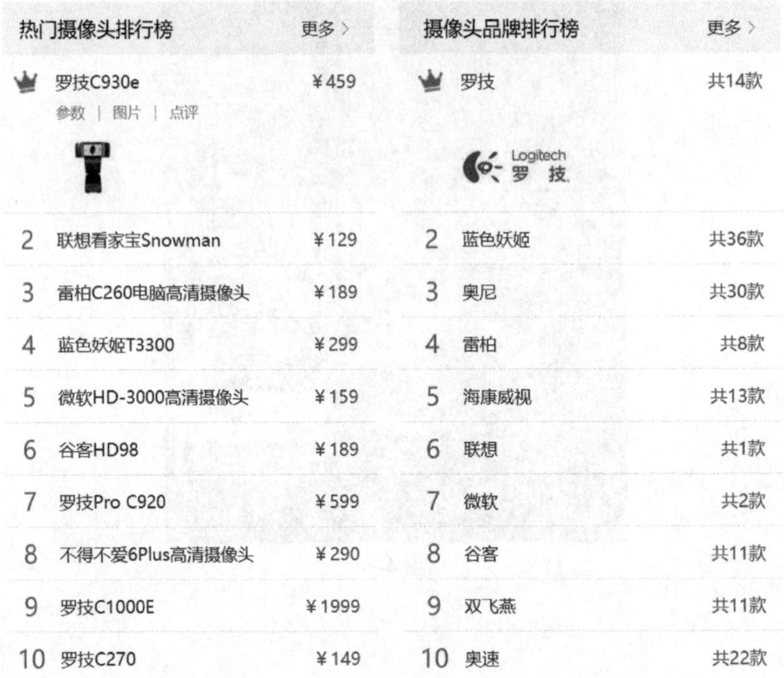

| 热门摄像头排行榜 | | 更多 › | 摄像头品牌排行榜 | | 更多 › |
|---|---|---|---|---|---|
| 👑 | 罗技C930e | ￥459 | 👑 | 罗技 | 共14款 |
| | 参数 \| 图片 \| 点评 | | | | |
| 2 | 联想看家宝Snowman | ￥129 | 2 | 蓝色妖姬 | 共36款 |
| 3 | 雷柏C260电脑高清摄像头 | ￥189 | 3 | 奥尼 | 共30款 |
| 4 | 蓝色妖姬T3300 | ￥299 | 4 | 雷柏 | 共8款 |
| 5 | 微软HD-3000高清摄像头 | ￥159 | 5 | 海康威视 | 共13款 |
| 6 | 谷客HD98 | ￥189 | 6 | 联想 | 共1款 |
| 7 | 罗技Pro C920 | ￥599 | 7 | 微软 | 共2款 |
| 8 | 不得不爱6Plus高清摄像头 | ￥290 | 8 | 谷客 | 共11款 |
| 9 | 罗技C1000E | ￥1999 | 9 | 双飞燕 | 共11款 |
| 10 | 罗技C270 | ￥149 | 10 | 奥速 | 共22款 |

图 4-10

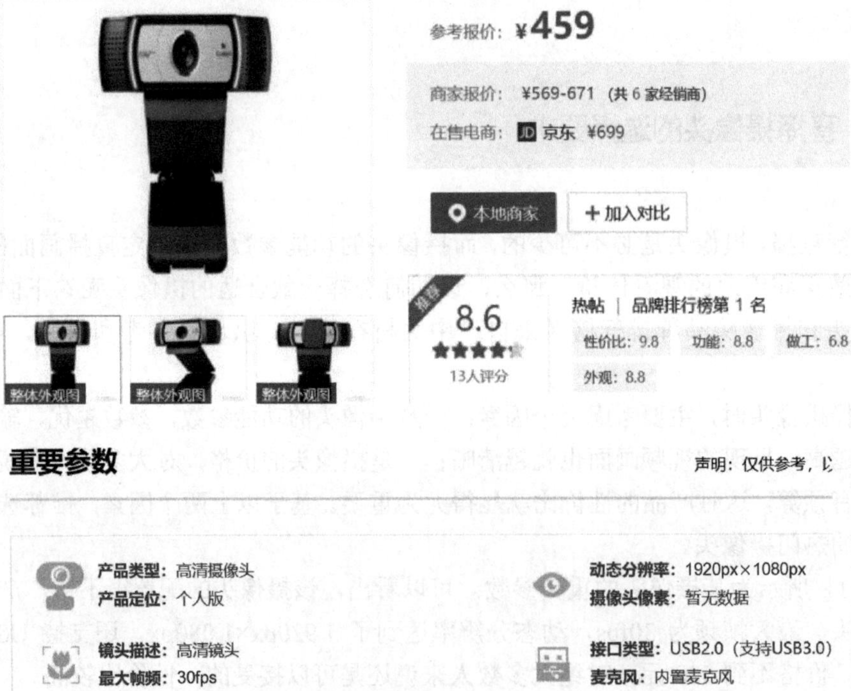

参考报价：**￥459**

商家报价：￥569-671 （共 6 家经销商）

在售电商：JD 京东 ￥699

● 本地商家　＋加入对比

**8.6** ★★★★☆ 13人评分

**热帖 \| 品牌排行榜第 1 名**

性价比: 9.8　功能: 8.8　做工: 6.8

外观: 8.8

整体外观图　整体外观图　整体外观图

**重要参数**　　　声明: 仅供参考，以

| | | |
|---|---|---|
| **产品类型:** 高清摄像头 | | **动态分辨率:** 1920px×1080px |
| **产品定位:** 个人版 | | **摄像头像素:** 暂无数据 |
| **镜头描述:** 高清镜头 | | **接口类型:** USB2.0 (支持USB3.0) |
| **最大帧频:** 30fps | | **麦克风:** 内置麦克风 |

图 4-11

## 二、直播间灯具的选择要求

灯光的设置会直接影响到主播的外在形象。有的主播看上去明亮耀眼，有的看上去暗淡无光，就是灯光的不同效果，应根据不同的灯光需求选择灯具。直播间的灯光类型主要分为5种，如图 4-12 所示。

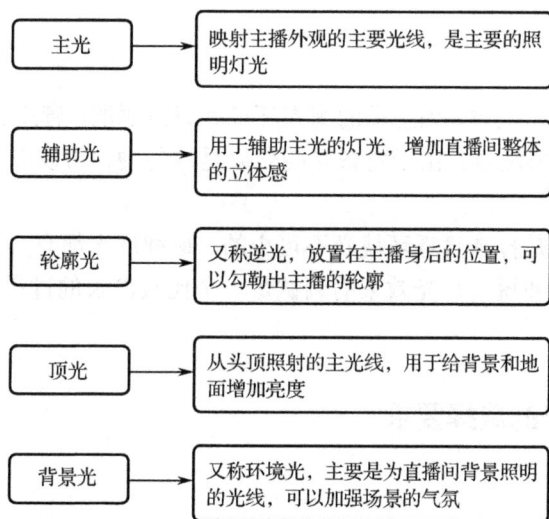

| | |
|---|---|
| 主光 | 映射主播外观的主要光线，是主要的照明灯光 |
| 辅助光 | 用于辅助主光的灯光，增加直播间整体的立体感 |
| 轮廓光 | 又称逆光，放置在主播身后的位置，可以勾勒出主播的轮廓 |
| 顶光 | 从头顶照射的主光线，用于给背景和地面增加亮度 |
| 背景光 | 又称环境光，主要是为直播间背景照明的光线，可以加强场景的气氛 |

图 4-12

### （一）主光

需将主光放在主播的正面位置，且与摄像头镜头光轴的夹角不能超过 15°。这样的光线充足而均匀，能使主播的面部看起来很柔和，起到美颜效果。但是主光也有不足之处，那就是没有阴影效果，会使画面缺乏层次感。

### （二）辅助光

辅助光宜放在主播的左右两侧且与主光呈 90°。当然，还有一种更好的方法，就是将其放置在主播左前方 45°或右后方 45°。这样可以使主播的面部轮廓产生阴影，并产生强烈的色彩反差，有利于打造主播外观的立体质感。需要注意的是，灯光对比度的调节要适度，应防止面部过度曝光或部分地方太暗的情况发生。

### （三）轮廓光

要将轮廓光放在主播身后，以便形成逆光效果。这样做不仅可以使主播的轮廓分明，还可以突出主播的主体作用。在使用轮廓光时要注意把握光线亮度，光线太亮可能会导致主播主体部分过于黑暗，入光会产生耀光的情况。

（四）顶光

顶光有助于产生厚重的投影效果，有利于塑造轮廓，起到瘦脸的功效，但要注意顶光的位置与主播的距离尽量不要超过 2m。另外，顶光也有缺点，就是容易使眼睛和鼻子的下方形成阴影，影响美观度。

（五）背景光

背景光的作用是烘托主体，为主播的周围环境和背景照明，营造各种环境气氛和光线效果。在布置的过程中需要注意，由于背景光的效果是均匀的，所以应该采取低亮度、多数量的方法进行。

以上 5 种灯光效果是打造直播环境必不可少的，每种灯光都有其优势与不足，需要进行不同的灯光组合来取长补短。灯光效果的调试是一个比较漫长的过程，需要有耐心。

## 三、直播间声卡的选择要求

直播实际上是一种视频和音频的输出，视频的输出得靠高清摄像头，而音频的输出得靠声卡和麦克风。声卡主要分为内置声卡和外置声卡两种类型，如图 4-13 和图 4-14 所示。

图 4-13                                          图 4-14

（一）内置声卡

内置声卡，顾名思义就是集成在台式或笔记本计算机主板上的声卡。现在购买的计算机都会预装内置声卡，只需要安装对应的声卡驱动就能正常运行了。

## （二）外置声卡

外置声卡需要通过 USB 接口和数据线连接在台式或笔记本计算机上，然后安装单独的驱动（有些外置声卡插入即可使用），最后将内置声卡禁用，选择新安装的外置声卡为默认播放设备即可。

内置声卡和外置声卡的区别主要体现在 3 个方面，如图 4-15 所示。

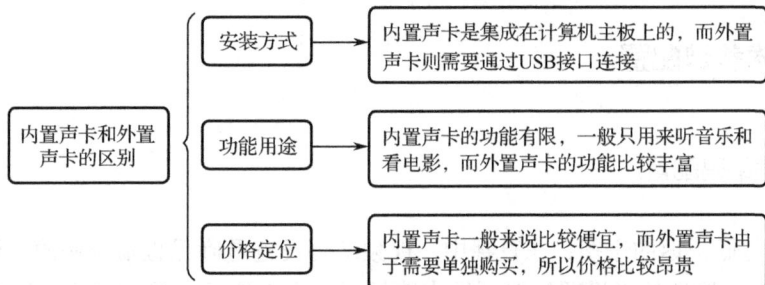

图 4-15

由于大多数内置声卡的功能有限，远不能满足直播的需求，所以直播间通常选择外置声卡。

## 四、直播间麦克风的选择要求

麦克风俗称"话筒"，主要分为电动麦克风（电动麦）和电容麦克风（电容麦）两种，而电动麦克风又以动圈麦克风（动圈麦）为主。还有一种特殊的麦克风，就是电视上或活动会议上常见的耳麦，它是耳机与麦克风的结合体。动圈麦与电容麦的区别和特点如图 4-16 所示。

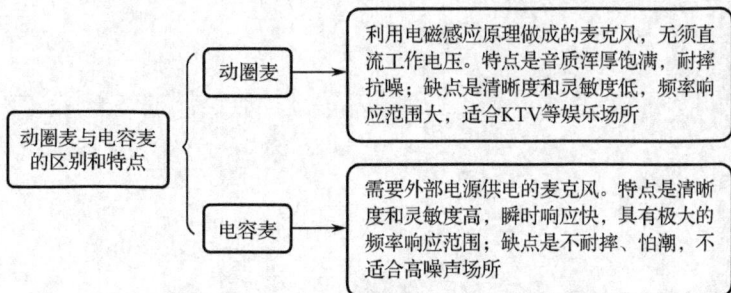

图 4-16

绝大多数主播的直播麦克风都是电容麦。电容麦的质量决定直播间的音质，从而影响直播的整体效果，所以选择一款高品质的电容麦对主播来说非常重要。

## （四级）任务五　直播间功能配置方法

### 一、技术参数配置

（一）视频编码配置

高清画质与低延迟的平衡：在直播中，视频编码设置是确保直播流畅的关键。例如，可以在 OBS Studio 软件的"设置"对话框中选择"输出"选项，然后将"录像"选项组中的编码器设置为"硬件（NVENC）"；考虑到新品发布会的高视觉要求，将录像质量设置为"高质量，中等文件大小"，如图 4-17 所示。这样能在大多数设备上提供清晰的视频流，同时保持较低的延迟，确保用户即使在网络条件稍差的情况下也能获得良好的观看体验。

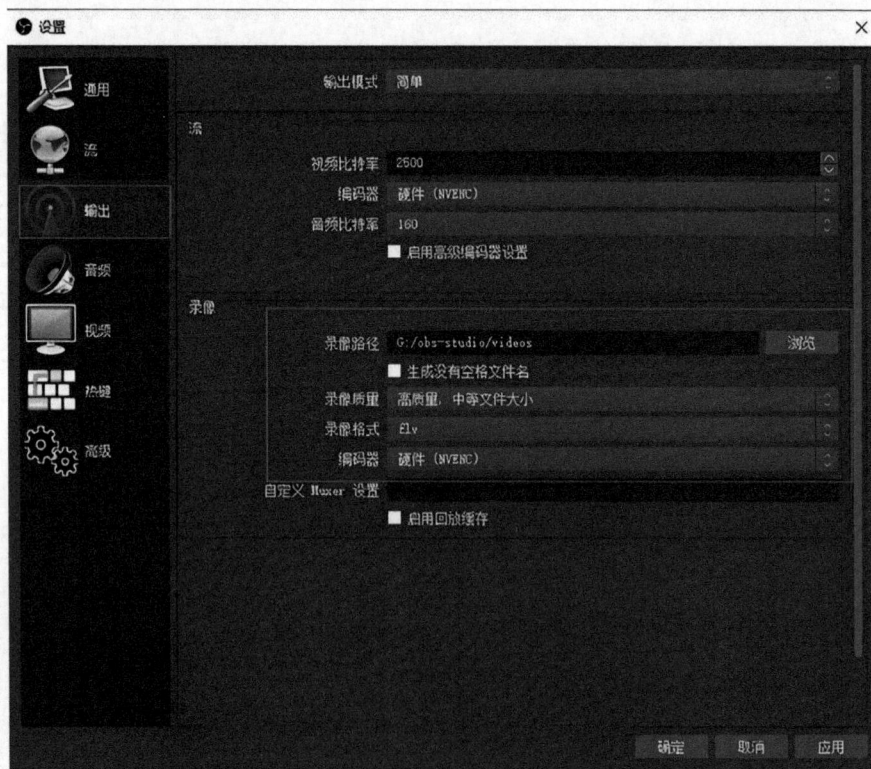

图 4-17

## （二）音频配置

为了保证音频质量，可以设置纯净音频。例如，在 OBS Studio 软件中进行混音器设置，选择音频输入源为主播使用的高质量麦克风，接着进行增益控制，一般设定在-12dB 左右，如图 4-18 所示，既能避免声音过小而听不清，又能防止音量过大而引起失真。还可以开启噪声抑制功能，如使用 ReaPlugs VST 插件中的 ReaFir 过滤掉背景风扇声、键盘敲击声等，确保用户能清晰地听到每个细节。

图 4-18

# 二、互动功能配置

## （一）聊天室管理

为了维护积极健康的交流环境，可以在直播平台的管理后台找到"聊天室管理"或"评论管理"等模块，进行关键词过滤设置等，如将涉及广告、辱骂等的敏感词汇添加到黑名单中。一旦平台检测到含有这些词汇的评论，便会自动将其屏蔽。同时，安排人员监控聊天室，使用平台的"快速回复"功能，快速回应用户的常见问题或引导用户讨论，如"感谢大家的支持，新品即将揭晓，请耐心等待！"

## （二）礼物和打赏设置

在直播平台的"收益管理"或"礼物设置"等模块，可以定制不同的礼物类型及其对应的动画效果和价格。例如，为此次新品发布会直播设计一款"探索者礼盒"，将价格设定为100 积分，每当有用户送出该礼物时，屏幕上会播放一个精美的动画，同时伴有特别音效，增加直播间的互动性和趣味性；策划限时打赏活动，如"新品发布会期间，累计打赏前 10 名的用户将有机会获得新品试用资格"，以此激励用户参与打赏。

### 三、直播页面配置

为了优化直播间的视觉体验，可以在直播平台的"直播间设置"或"页面编辑"等模块选择一个符合新品发布主题的模板，如"科技未来风"。之后，将主播画面居中，确保人物形象清晰突出；在主播画面两侧，分别布置新品图片（轮播）和直播简介，搭配清晰的字体和高对比度的颜色，确保信息一目了然；底部为聊天室留足空间，便于与用户实时交流。

## （四级）任务六　产品素材的展示

产品素材的展示通常是指展示产品的相关图片、文字、视频等内容，以吸引目标人群的注意。以下是几种常见的产品素材展示方式。

### 一、网络平台展示

在电子商务网站、社交媒体平台、公司官方网站等网络渠道展示产品素材，如高质量的产品照片、有吸引力的文字描述、生动的产品演示视频，能够让目标人群清楚地了解产品的外观、特点和功能，如图 4-19 和图 4-20 所示。

图 4-19

图 4-20

**1. 产品外观展示**

在直播间浏览产品时，用户的第一印象就是产品的外观。如果一款产品有较具设计感的外观，那么主播可以着重围绕产品的外观设计进行介绍，如图 4-21 所示。

**2. 使用技巧展示**

有时候一款产品的使用技巧可以很好地提升消费者对产品的使用体验。若主播在展示产品时能够介绍一些使用技巧，则可以大大提高用户对产品的认可度，有时还能有效解决已购买消费者在产品使用方面的疑问，有效巩固消费者对产品的印象。

产品的制作技巧、搭配方式、问题解决方式等都是很好的介绍素材，如同一款围巾的不同系法、一款海虾的烹饪方法、户外登山背包每个口袋适用的物品等。这些使用技巧对促进下单有非常好的效果，如图 4-22 所示。

**3. 使用效果展示**

使用效果展示是一种非常直观的产品介绍方法，特别适合美妆、服装、珠宝首饰等产品。主播可以通过使用效果展示启发用户联想自己使用产品的效果。例如，在直播中介绍口红时通常都是主播或助理自己涂抹，或者为模特进行涂抹，以便用户清楚地看到不同颜色的涂抹效果，如图 4-23 所示。

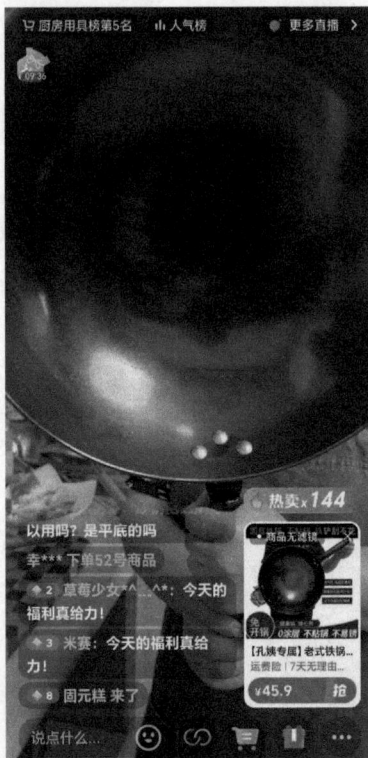

图 4-21

图 4-22

### 4. 同类产品对比展示

同类产品对比可以更有效地凸显每款产品的特点和优势。分析并展示同类产品的不同之处，可以加深用户对产品的印象，如图 4-24 所示。

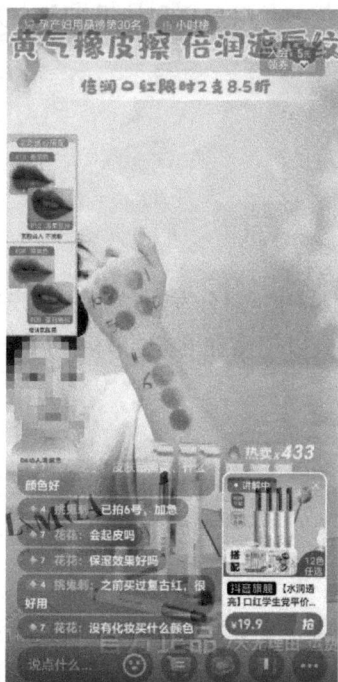

图 4-23

图 4-24

5. 产品试用展示

产品试用是主播在直播间介绍产品时常用的方式，如食物试吃、美妆产品试用、珠宝首饰试戴、服装试穿等。这些都是非常直接有效的产品介绍方式，能让用户感同身受地了解产品的色彩、含量、尺寸、适用肤色、适用身高和体重等各个方面，通过主播试用产品看到产品的实际效果，从而愿意购买产品。

## 二、电子邮件展示

可以将产品素材作为营销邮件的一部分发送给潜在客户或现有客户。在邮件中插入产品的照片、优惠信息、购买链接等，以便潜在客户更好地了解产品；鼓励现有客户再次购买或提供反馈信息。

## 三、展会、展览

可以参加行业展会或其他相关展览，将产品素材展示给潜在客户和专业人士。在行业展会或其他展览上设置产品展台或展示区域，展示产品样品、宣传册、产品目录等，吸引潜在客户和专业人士并与他们互动。

## 四、实体店面陈列

对于有实体零售店面的商家，可以在店内陈列产品素材。例如，在窗户或特定区域展示产品的照片、介绍等，或者使用实物样品进行展示，吸引客户进入店内浏览和购买。

## 五、宣传物料分发

可以制作并印刷宣传册、海报、宣传单页等物料，将产品素材以文字形式呈现。可以在商店、办公室、会议场所等分发这些宣传物料，以扩大产品的知名度和曝光度。

通过以上不同的展示方式，可以更全面地展示产品的特点和优势，吸引目标人群的关注，并促使他们进一步了解和购买产品。

# （三级）任务七 设备管理的要求

## 一、主播桌面设备管理

样品摆放：主播配合编导负责直播台面样品的摆放。

直播样品垃圾整理：主播负责当场直播过程中产生的垃圾的归类整理。

样品出/入库：主播到样品仓库领取当场直播所需样品并登记。

样品损耗统计：主播统计当场直播消耗的样品类别和数量，并提交给运营组存档。

## 二、直播设备管理

设备管理：行政组统一负责出/入库管理；技术管理组负责设备领用、调试及维护，并在每场直播前将设备状态参数登记到相应表格中。

设备电源开关：技术管理组（技术管理组人员不足时由运营组接替）负责直播间所有设备（如摄像头、导播台、调音台、麦克风、空调等）电源的开关。

设备清点：运营组负责每场直播前后设备的清点和登记。

## 三、直播样品管理

样品收发：运营组负责将直播间样品的寄送需求以表格形式提交给商家。

样品入库：样品管理员（来自运营组）负责将商家寄送来的样品入库和归类，每周公布一次直播间的样品数量。

样品出库：主播到样品管理员（来自运营组）处领取直播样品并登记。

# （三级）任务八　协作规则的编写方法

## 一、明确目标，进行需求分析

### （一）明确目标

核心目标：明确直播或短视频项目的核心目标，如提升用户观看体验、增加互动率、提高转化率等。这些目标将作为后续规则制定的基础。

具体指标：将核心目标细化为具体可衡量的指标，如视频播放量、点赞量、评论数、分享数、观看时长、转化率等。

### （二）进行需求分析

技术需求：分析直播或短视频制作所需的技术支持，包括视频拍摄、编辑、传输、播放、互动等。

团队协作需求：识别团队中各成员的角色与职责，如摄影师、编导、剪辑师、主播、技术人员等，以及他们之间的协作关系。

## 二、制定协作流程与规范

### （一）直播协作流程

预热准备：提前进行直播预告，准备道具、产品等。

技术调试：确保直播设备（如摄像头、麦克风、计算机等）正常运行，进行音画同步测试。

直播执行：主播按计划进行直播，技术团队实时监控直播状态，处理突发问题。

互动管理：运营团队负责直播间的互动管理，包括弹幕回复、礼物打赏、产品上架等。

数据分析：直播结束后，收集并分析直播数据，为下次直播提供参考。

### （二）短视频制作协作流程

创意策划：编导与运营团队共同策划视频内容，确定主题、风格、脚本等。

拍摄准备：摄影师根据脚本准备拍摄设备、场地、道具等，与主播协调拍摄时间。

拍摄执行：按照脚本进行拍摄，确保画面质量、声音效果等符合标准。

后期剪辑：剪辑师根据脚本和拍摄素材进行剪辑，包括调色、配乐、添加字幕等。

审核发布：运营团队审核成片，确认无误后发布到平台，并进行推广。

### （三）协作规范

沟通机制：建立高效的沟通渠道，如使用即时通信工具、定期召开会议等，确保信息畅通无阻。

任务分配：根据团队成员的专长和能力进行任务分配，明确每个人的职责和完成时间。

质量标准：制定直播和视频的质量标准，包括画面清晰度、声音效果、内容创意等，确保输出质量。

数据反馈：建立数据反馈机制，定期收集并分析用户反馈和数据指标，用于优化内容和提升效果。

## 三、编写规则的具体方法

### （一）调研与收集信息

内部调研：与团队成员进行深入交流，了解他们的工作习惯、遇到的问题、提出的建议等。

外部参考：借鉴行业内的最佳实践、成功案例和失败教训，提炼可供借鉴的经验。

### （二）制定初稿

结构清晰：将规则分为引言、正文、附录等部分，正文部分按流程或角色进行划分。

内容详实：对每个环节或角色的职责、操作步骤、注意事项等进行详细描述。

量化指标：尽可能使用量化指标来明确任务要求和质量标准，如"视频分辨率不低于1 080p""直播延迟不超过 3s"等。

### （三）征求意见与修订

内部评审：邀请团队成员对初稿进行评审，收集他们的意见和建议。

修订完善：根据评审结果对初稿进行修订和完善，确保规则具有可行性和可操作性。

### （四）正式发布与培训

正式发布：将修订后的规则正式发布给团队成员，并明确执行时间和要求。

培训宣贯：组织培训活动或会议，对规则进行解读和宣贯，确保每个团队成员都能充分理解和遵守规则。

# （三级）任务九 互动特效的制作方法

## 一、科技进步推动直播行业的发展

随着各种新兴科技发展脚步的加快，未来在线直播行业有望结合新兴技术再次获得突破，如 5G、虚拟现实（VR）、人工智能（AI）、增强现实（AR）等技术应用对直播行业的发展有着巨大的推动作用，如图 4-25 所示。

未来，随着 5G 的高速发展，VR、AI 等技术的应用，直播行业可能会进入新纪元。直播平台将继续借助 5G 技术，通过应用 VR、AI 等技术获取差异化优势，并寻求平台留存用户和提高收益的突破点。

在 5G 时代，人脸识别等应用得到支持，VR 看房直播、赛事直播、企业直播等现场模式将扩大其应用范围，直播形式和场景将更加多元化。

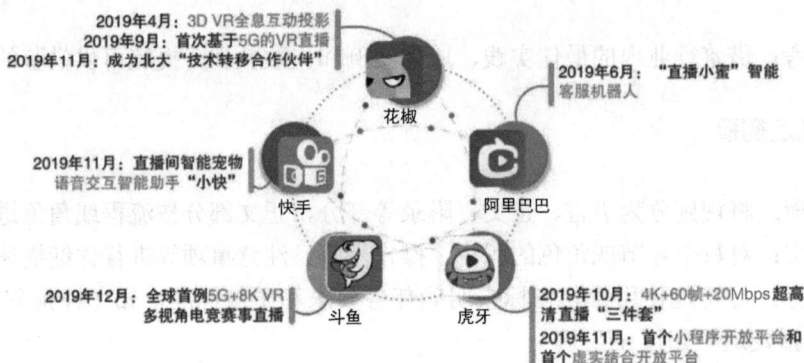

2019年4月：3D VR全息互动投影
2019年9月：首次基于5G的VR直播
2019年11月：成为北大"技术转移合作伙伴"
花椒

2019年6月："直播小蜜"智能客服机器人
阿里巴巴

2019年11月：直播间智能宠物语音交互智能助手"小快"
快手

2019年12月：全球首例5G+8K VR多视角电竞赛事直播
斗鱼

2019年10月：4K+60帧+20Mbps超高清直播"三件套"
2019年11月：首个小程序开放平台和首个虚实结合开放平台
虎牙

图 4-25

AI 技术的发展将惠及人们生活中的方方面面，直播行业也不例外。那些致力于将 AI 技术与直播行业相融合，从而提升用户体验的平台，必然更受用户的青睐。

随着 AR 技术的逐渐成熟，未来 AR 可能被广泛应用于直播领域。对 AR 直播而言，AR 视频、AR 全景都是可行的，在直播的时候也可以利用 AR 技术添加一些 AR 模型，增加直播内容的多样性。

## 二、虚拟 IP 直播成为直播形式

随着实时渲染、动作捕捉/面部捕捉等技术的高速发展，虚拟 IP 形象越来越细腻逼真，静态及动态已经可以做到与真人无异，由虚拟 IP 形象打造的虚拟主播将迎来飞速发展。虚拟 IP 形象逐渐由小众玩偶向大众偶像过渡，应用范围也从游戏动漫领域延伸到其他领域。尤其在国内推出的虚拟偶像"洛天依"取得好成绩的情况下，虚拟主播似乎成了直播领域的又一条路径。

虚拟 IP 形象是在虚拟世界的基础上创造出的有故事、有感情、有温度、能与用户进行互动沟通、应用场景广泛、拟人化的虚拟人物形象。特点如下：深受年轻用户欢迎、性价比高、可塑性强、完全可控、泛用性强、话题性强。虚拟 IP 形象可以解决部分主播不愿露脸开播的问题（如语音直播、游戏直播），降低了开播门槛，扩大了主播的受众范围。

未来，虚拟 IP 将在各个平台的直播中出现，可以提供歌舞表演、电商直播、游戏直播等交互式直播服务，如图 4-26 所示。

图 4-26

## 三、在直播场景中应用 AR

其实在直播场景中应用 AR 已不是什么新鲜事，从 2012 年开始，每年的央视春晚节目中都有 AR 的身影，如 2012 年的《万物生》、2013 年的《十二生肖》等，如图 4-27 和图 4-28 所示。

图 4-27

图 4-28

也许大部分用户并没有感知到画面是虚拟的，这也正体现出 AR 虚实融合的真实感。应用在直播中的 AR 技术，将舞台布景的工作简化为虚拟影像的制作，在提高了效率的同时大大降低了成本。

近年来，直播行业发展迅速，应用在直播中的技术也越来越丰富。当前 AR 功能性产品暂未覆盖用户核心痛点，许多企业正从娱乐化方向探索 AR 的价值。典型泛娱乐类别的直播场景中，AR 的应用也越来越广泛。下面进行简要分析。

## （一）以主播为中心的直播 AR 玩法

这是当前普遍使用的直播场景，核心在于主播。通常模式是，主播进行才艺表演直播，用户进行留言、点赞、打赏等。目前比较常见的是 AR 特效玩法，可以将其分为以下 3 类。

### 1. 屏幕级

屏幕级 AR 特效泛指出现在屏幕端的各种特效内容，如火箭升空、游艇、鲜花等，如图 4-29 所示。从严格意义上讲，这类内容不属于 AR 玩法，但表现在直播场景中，屏幕级 AR 特效对主播所在的环境及屏幕进行了效果增强，因此在此简单归类为 AR 特效。当前，屏幕级 AR 特效较普遍，成本较低，甚至不需要滤镜效果，直接添加特效视频或序列帧即可。

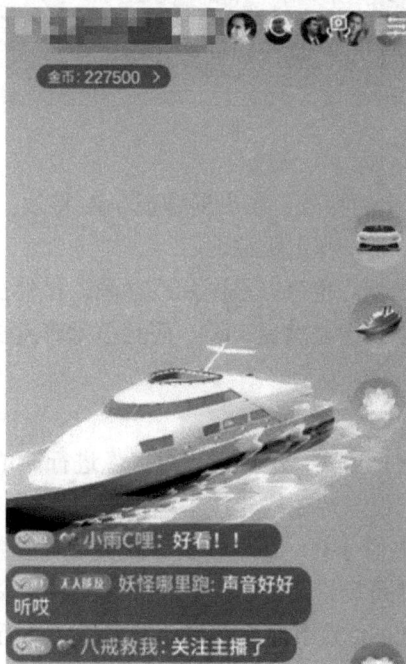

图 4-29

### 2. 人像级

人像级 AR 特效比屏幕级 AR 特效有技术含量，效果也更炫酷。人像级 AR 特效依赖于 AR 技术中的识别跟踪算法，如人脸特征识别，叠加虚拟道具且跟踪稳定，如图 4-30 所示；

还支持手势识别触发 AR 特效、五官动作识别触发 AR 特效等。相比之下，人像级 AR 特效的虚实融合效果更好，更具吸引力。

图 4-30

"DISCO"是叠加在屏幕上的特效，属于屏幕级 AR 特效；墨镜是识别主播眼睛位置后精准叠加的人像级 AR 特效，可以稳定跟踪。

人像级 AR 特效可以是模型，也可以是图片或动画。虽然在各种美图相机中，AR 贴纸屡见不鲜，但是应用在直播场景中显然更有趣，而且技术难度更大。

3. 场景级

场景级 AR 特效的技术含量更高，不仅要求对人像进行简单的识别跟踪，还要求对环境进行感知融合，如基于即时定位与地图构建技术识别环境特征，结合真实物体检测与虚拟三维构建实现虚实遮挡，打造人像分割、背景分割等虚实融合效果。

春晚节目中应用的 AR 就是场景级 AR 特效。不过相对来说，春晚直播时摄像机固定，AR 特效等融合效果不易穿帮。目前市面上的移动端直播产品暂没有类似的玩法，相信随着技术的发展很快就可以实现。

（二）以用户为中心的直播 AR 玩法

以主播为中心的直播 AR 玩法是当前常见的直播形式，但用户只是参与体验和观看。那么什么是以用户为中心的直播 AR 玩法呢？直播场景的核心在于内容，如果转变一下思路，由用户决定内容，那 AR 玩法就更丰富了。

可将平时看不到的甚至虚拟的影像、直播，通过 AR 技术实时呈现在用户眼前，使用户身临其境一般。对 AR 直播来说，AR 视频、AR 全景都是可行的，如图 4-31 所示。

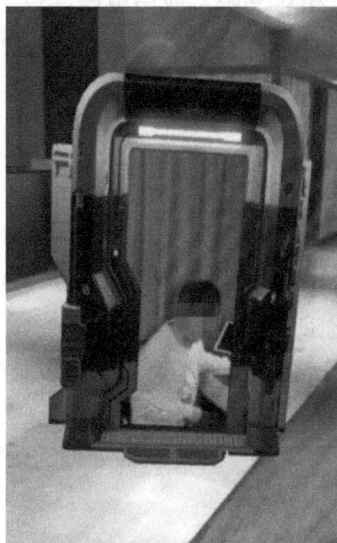

图 4-31

AR 直播也有缺陷，就是需要打开摄像头查看内容，且未解决用户核心痛点，因为对于此类 AR 直播，用户完全可以通过 Web 或手机观看。这也是这个场景没有发展起来的原因之一。当然，如果限定一下条件、内容和实时性，AR 直播还是有一定价值的。想象一下，在网上看演唱会直播和把歌手"请"到家里直播，肯定是 AR 直播更炫酷，如图 4-32 所示。

图 4-32

视频形式的 AR 直播不具有立体感，效果比较差。如果可以结合真人光场建模，实时投射影像，将真人模型实时投射到现实场景，可以 360°立体查看，肯定更刺激。如果可以做到使用户在直播场景中实时体验，将会成为营销、工业、教育等行业的爆点。

目前来看，后一种直播场景相对受限，应用范围、技术能力还没有完全覆盖。但是对 AR 泛娱乐来讲，普通用户已经开始广泛认知直播场景，结合新技术做爆点突破也未尝不可。

## 四、直播特效的一般制作方法

直播特效到底如何做？其实并没有电影那么复杂，一般通过"现场绿幕布置+直播录屏、录制、推流软件+专业直播平台"即可实现。

可以看出，制作直播特效的核心是专业的直播录屏、录制、推流软件。例如，可以使用直播录屏、录制、推流软件对直播画面进行"叠加处理"（类似于"图层"功能），配合现场绿幕布置和直播实时抠像功能，实现将"经过软件处理的画面"同步到直播平台。

### （一）借助保利威直播平台

保利威直播平台自带抠像功能，而且无须推流软件配合，通过"摄影设备+保利威直播平台+现场绿幕布置"即可完成直播。要在保利威直播平台进行抠图操作，一共有 3 步。

第一步，准备绿幕。建议选择专业纯色绿幕，摆放平整，褶皱尽量少。后续可将绿幕背景替换为照片、视频、PPT 等内容。

第二步，设置灯光。可用两种光源为绿幕打光，让灯光均匀地照射到绿幕上，如图 4-33 所示。同时，人要远离绿幕（影子在绿幕上正好消失的位置为最佳位置）。

图 4-33

第三步，抠像。打开保利威直播客户端，首先添加摄像头源，使用"去除背景（抠像）"功能，微调颜色容差值和颜色平滑值，如图 4-34 所示。然后按需添加背景素材即可。

图 4-34

（二）借助 OBS 或 vMix 等专业的直播录屏、录制、推流软件

可使用 OBS 或 vMix 等专业的直播录屏、录制、推流软件对画面进行实时抠图（配合绿幕），并将画面推流至直播平台。

OBS 是开源软件，免费使用，但有很高的学习成本，如图 4-35 所示；vMix 是付费软件，但它是专业性非常强的平台，常用于影视特效、直播等场景，如图 4-36 所示。

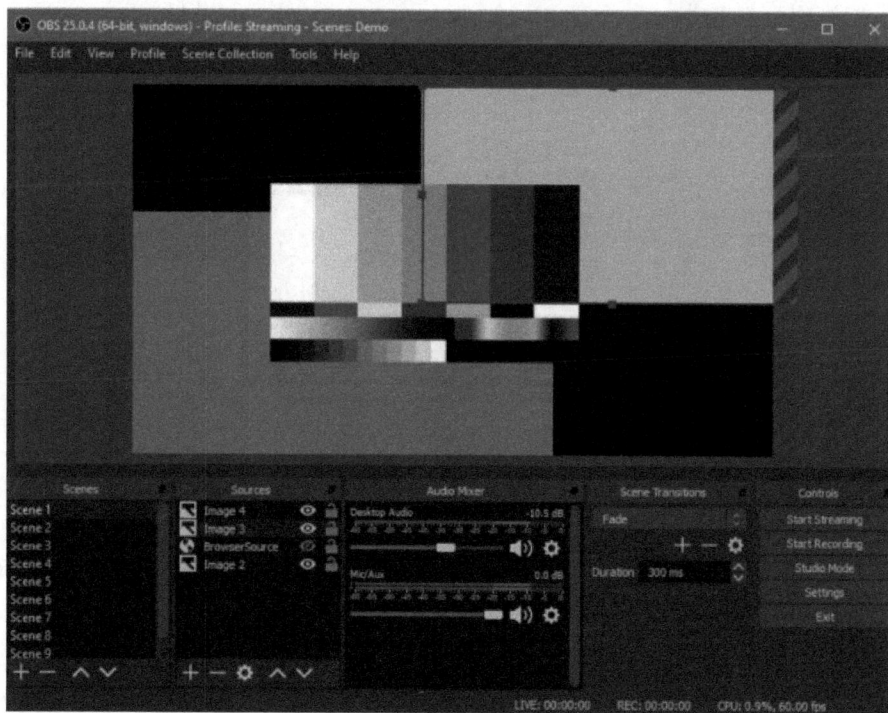

图 4-35

图 4-36

如需使用 OBS 或 vMix 软件，可以在网络上查找免费的视频教程（见图 4-37），或者在软件官网上查看帮助指引。

图 4-37

如果对直播特效感兴趣，可以让团队成员研究如何使用此类软件，制作出"超炫"的直播间，满足个性化的品牌风格要求。

实际操作中，可以根据直播间的大小采购绿幕和相关器材，如图 4-38 所示。

图 4-38

# （三级）任务十 舆论数据的查看方法

## 一、舆论数据统计和分析方法

网络上有海量的数据，这其中包括了各种各样的信息，如新闻媒体报道、网民观点等。那么，如何对其中的舆论数据进行统计和分析呢？

（一）舆论数据统计方法

（1）浏览排查法。可以通过浏览一些舆情网站，如新华网、人民网的舆情板块，以及大河舆情网等，查看有无相关的舆论数据。除此之外，可以通过浏览社交媒体平台、互动社区等的相关舆论话题页面，查看有无相关信息。

（2）精准搜索法。可以通过一些搜索工具进行舆论数据的精准搜索，如搜索引擎、舆情搜索软件、网站自带搜索功能等。

（3）监测软件法。可以借助专业的舆情监测软件，实现全网舆论数据搜集。例如，蚁坊软件支持全网舆情 24 小时搜集，并统计于系统数据库内。

（二）舆论数据分析方法

（1）语义分析。语义分析是指分析舆论数据的要素、语境，如分析舆论的正负面、倾向、情感等。

（2）文本分析。文本分析是指通过量化从文本中抽取出的特征词来表示文本信息。可选取一些有代表性的舆论数据进行文本分析。

（3）舆情分析软件。舆情分析软件是指通过对网络上的各类信息进行汇集、分类、整合、筛选等技术处理，对互联网上的相关舆论进行实时监测和深度分析的软件工具。例如，蚁坊软件具有强大的网页内容监测与语义分析能力，可实时追踪分析全网与之相关的舆论数据。

## 二、舆论监督办法

以蚁坊软件为例，进行舆论监督可以从以下 3 个方面着手。

（1）设定监测目标，24 小时自动监测。借助蚁坊软件的全网舆论监督与分析服务，用户只需设定所需监测的目标，即可实现监测目标 24 小时实时监测。

（2）订阅监测主题，实时接收信息。借助蚁坊软件的全网舆论监督与分析服务，用户可将所需重点关注的主题订阅为目标监测主题，软件系统会自动实时监测与主题相关的最新消息，并自动推送给用户。

（3）目标自动实时追踪，全面综合分析。借助蚁坊软件的全网舆论监督与分析服务，用户可自动实时接收到舆论数据的变化，如舆论的传播动态变化、倾向变化，以及网民的媒体情感分布情况等。

# （三级）任务十一 实时数据的提供方法

## 一、借助直播平台自带的数据统计功能

大多数直播平台（如抖音、快手、淘宝直播等）都提供了数据统计功能，主播和运营人员可以直接在直播后台或主播个人管理页面查看实时数据，如图 4-39 所示。数据指标包括但不限于观看人数、点赞量、评论量、分享数、点击次数、成交件数等。这些数据通常是实时或准实时更新的，能够反映直播间的即时表现。

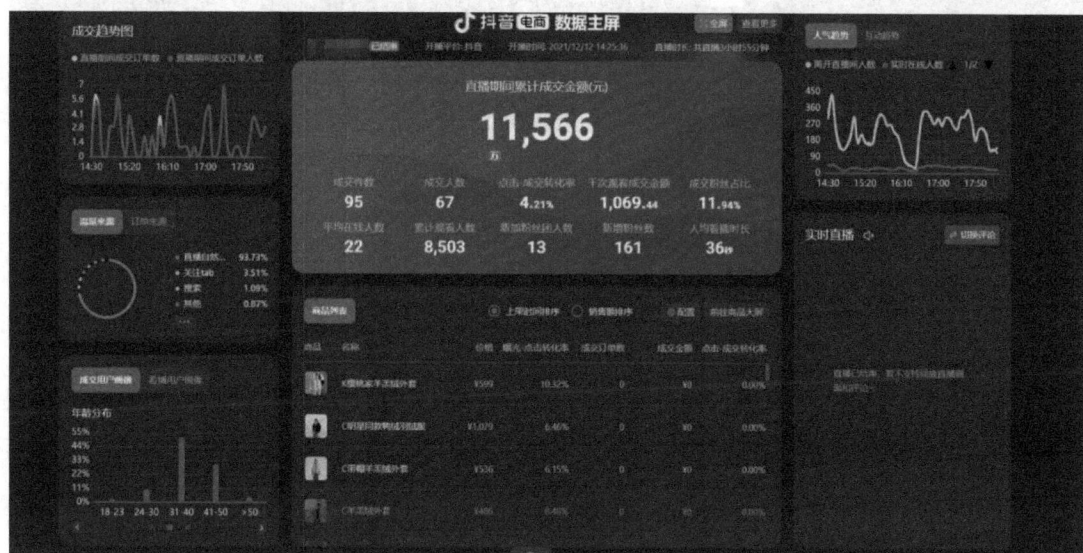

图 4-39

## 二、借助第三方数据分析工具

与直播平台相比，第三方数据分析工具（如飞瓜数据、蝉妈妈、达多多等）能够提供更为全面、深入的数据分析服务，能够覆盖用户行为、产品销售、流量来源等多个维度，提供更详细的数据报表和进行可视化分析，如图 4-40 所示。部分第三方工具支持数据的实时或准实时更新，能够确保主播和运营人员随时掌握直播间的动态。除了实时数据监控，这些

工具还提供竞品对比、趋势分析等功能，帮助主播和运营人员了解行业动态和竞争对手的表现。

图 4-40

## 三、借助自定义数据收集系统

大型电商平台或自建直播平台可能会选择开发自定义的数据收集系统。这种系统可以根据业务需求定制数据收集指标和频率，实现高度个性化的数据分析。自定义数据收集系统通常与平台的其他业务系统紧密集成，能够提供较全面、精细的数据支持。

## 四、搜集社交媒体与用户互动数据

直播过程中，用户可能会通过社交媒体（如微博、微信等）发表对直播的看法和反馈。这些反馈虽然不是直接的实时数据，但可以作为用户情感和意见的重要参考。此外，直播平台上的弹幕和评论是用户即时反馈的重要方式。通过分析弹幕和评论的内容、数量和情感倾向，可以了解用户对直播内容的反应和参与度。

## 五、借助技术手段与数据接口

### （一）API 调用

一些直播平台提供了 API，允许开发者通过编程方式获取直播数据。这种方式需要一定的技术背景，但能够实现数据的自动化获取和处理。

### （二）数据分析软件集成

将直播平台的数据接口与数据分析软件（如 Excel、Tableau 等）集成，可以实现数据的自动化导入和分析。

## 习题

### 一、判断题

1．摄像头的功能参数越大，输出视频的分辨率就越高，呈现的视频画质也就越清晰。（　　）

2．主灯需放在主播的正面位置，且与摄像头镜头光轴的夹角不能超过 45°。（　　）

3．背景光的作用是烘托主体，为主播的周围环境和背景照明，营造各种环境气氛和光线效果。（　　）

4．屏幕级 AR 特效比人像级 AR 特效有技术含量，效果也更炫酷。（　　）

5．借助蚁坊软件的全网舆论监督与分析服务，用户只需设定所需监测的目标，即可实现监测目标信息全网 24 小时实时监测和搜集。（　　）

### 二、选择题

1．主播在进行产品展示时，可以采用的产品介绍技巧包括（　　）。

A．使用效果展示　　　　　　　　B．同类产品对比展示

C．产品外观展示　　　　　　　　D．以上都是

### 三、操作题

1．基于淘宝直播进行产品链接发布。

2．使用两种方法在抖音小店中添加商品。

3．利用"中关村在线"榜单相关信息选择直播摄像头。

4．注册快手账号并进行商品直播销售。

5．利用抖音进行一次以"助农"为主题的直播。

# 互动管理

## 【项目导读】

再完善的直播准备和直播策划，最终效果也要通过直播销售环节来呈现。主播在直播销售过程中对节奏的把控、与用户的互动、话术的使用、对突发问题的应对处理等，对一场直播是否成功都起着至关重要的作用。

本项目将探讨互动管理的有效方法，从用户沟通原则入手，介绍后台管理功能的操作方法、互动管理规则的制定方法，完成常见问题库的建立。

## 【项目目标】

1. 能使用评论、回复等功能与用户进行沟通
2. 能使用后台管理功能管理评论
3. 能制定互动管理规则
4. 能建立常见问题库

## （五级）任务一 用户沟通的原则及要求

### 一、用户沟通的原则

（一）多肯定用户的观点与想法

客服人员可能会遇到各种各样的用户问题。无论这些用户怎样表达他们的观点，客服人

员都要保持理智，用肯定的态度应对用户提出的各种问题，不可轻易情绪化，更不可与用户对骂，因为这样会让店铺遭受投诉，从而影响店铺的评分。所以，客服人员在服务过程中要学会赞美用户的眼光、品位等。

### （二）服务态度热情

为了体现服务的热情度，客服人员一定要通过语言体现出对用户的尊重，如多使用"谢谢""您""请"等词汇；可灵活使用表情包，表情包的幽默与可理解性能化解沟通中的很多问题，达到意想不到的效果；回复的内容要尽可能比用户的提问内容多，这能让用户感到被重视。

### （三）有足够的耐心

用户砍价时，可以在彼此能够接受的范围内适当地让一点儿，如果确实不能让也应该婉转地回绝。总之，要让用户感受到热情真诚，不说"我这里不还价"等伤害用户自尊的话。

## 二、用户沟通的要求

### （一）客服人员应具备的素质

#### 1. 技能素质

（1）熟悉计算机基本操作。一般不需要客服人员有太高深的计算机技能，但是需要熟悉计算机基本操作，包括熟悉 Windows 系统，会使用 Word 和 Excel，会发送电子邮件，会管理电子文件，熟悉上网搜索方法并能找到需要的资料；至少熟练掌握一种输入法，能够盲打输入。

（2）具备沟通技巧和谈判技巧。只有具备沟通技巧和谈判技巧，才能让用户接受产品，最终愉快成交。

#### 2. 品格素质

（1）诚信。客服人员应诚信待客，诚实对待失误和不足。

（2）耐心。客服人员应耐心地解答用户的疑虑，满足用户的合理需要。

（3）细心。客服人员应细心，一点错漏和贻误都会耗费更多的时间和精力来处理。

（4）同理心。客服人员应把自己想象成用户，设身处地地体会用户的处境和需要，为用户提供更合适的产品和服务。

### 3. 心理素质

客服人员应具有应变能力和承受能力。在服务过程中，客服人员需要承受各种压力和挫折，没有良好的心理素质是不行的。

### 4. 综合素质

客服人员要具有"用户至上"的服务意识，有对各种问题的分析能力和独立解决能力，有良好的人际关系协调能力。

### （二）客服人员应具备的知识

为有效解决用户遇到的问题，客服人员有必要熟悉产品知识、平台交易规则、物流方式及价格等。

### 1. 产品知识

（1）产品基础知识。客服人员应了解所销售产品的型号、颜色、款式、材质、尺寸、用途、注意事项、使用方法、维修方法，还应了解行业有关知识等。不同用户同时提问的情况下，客服人员应能以最快的速度给予正确的回答。

（2）产品周边知识。不同产品适合不同人群，客服人员要有基本的了解。例如，护肤品是针对不同皮肤性质研发的，向不同皮肤性质的人推荐护肤品时应有差别；再如玩具，有些玩具不适合婴儿。

### 2. 平台交易规则

（1）一般交易规则。客服人员应从商家的角度了解网店的交易规则，更好地把握交易尺度。有的用户可能是第一次在网上交易，不知道该如何进行。这时，客服人员应一步步地指导用户如何操作。

（2）支付流程和规则。客服人员应了解交易原则和支付时间限制，指导用户顺利完成交易、查看交易状况等。

### 3. 物流方式及价格等

（1）物流方式。"直播带货"过程中销售的产品一般以邮寄方式发货，如平邮（国内普通包裹）、快邮（国内快递包裹）等。

（2）物流的价格、速度等。客服人员应了解不同物流方式的价格、计价方式，以及报价的还价空间有多大等；了解不同物流方式的包裹撤回、地址更改、状态查询、保价、问题件退回、代收货款、索赔等操作。

（3）物流的付款方式。客服人员应了解不同的付款方式，如有物流费用差价，应建议用户采用支付宝等完成支付。如果用户确实不方便，应该了解其所熟悉的银行，向其提供相应银行的正确账号，并提醒用户付款后及时通知客服人员。

## （五级）任务二  后台管理功能的操作方法

下面以视频号为例，主要基于评价管理说明后台管理功能的简单操作。

### 一、登录后台管理系统

应确保自己已经拥有后台管理系统的访问权限。通常，需要输入正确的用户名和密码，或者使用多因素认证（如短信验证码）来确保账户安全。

### 二、进入评论管理模块

登录后，找到并单击"评论管理"或类似命名的选项，进入"评论管理"等页面，如图 5-1 所示。这个模块通常位于后台的社交互动或社区管理部分。

图 5-1

### 三、实时监控评论

开启实时监控：在评论管理模块中开启实时监控功能，这样可以即时看到所有新发布的评论，便于快速响应。

设置关键词过滤：为了防止不良内容的出现，可以设置关键词过滤规则，系统将自动屏蔽包含敏感词汇的评论，如图 5-2 所示。

查看评论状态：检查评论是否处于待审核、已通过、被屏蔽等状态，确保没有遗漏重要信息。

图 5-2

### 四、评论审核与处理

批量审核评论：大多数评论可以使用批量审核功能，一次性通过或屏蔽多个评论，提高效率。

手动审核特定评论：对于疑似违规但不确定的评论，进行手动审核，仔细阅读并判断其是否符合社区准则。

回复评论：积极回应用户的正面评论，增强用户的参与感；对负面评论，保持冷静，提供解决方案，展现良好的服务态度。

## 五、数据分析与报告

评论分析：利用后台的数据分析工具统计评论数量、用户情感倾向、热门话题等，了解用户反馈和需求。

生成报告：定期生成评论管理报告，包括评论概况、问题汇总、改进建议等，为优化直播内容和服务提供数据支持。

## 六、优化评论环境

制定清晰的社区准则：确保所有用户都清楚什么样的评论是受欢迎的，什么样的行为是不被允许的。

引导用户：通过公告、直播前的提示等方式，引导用户遵守评论规范，营造健康的讨论氛围。

定期复审评论政策：随着直播内容的变化和社区的发展，定期审查和更新评论管理政策，以适应新的情况。

## 七、技术支持与维护

技术升级：定期检查和升级评论管理系统，确保其稳定运行，及时修复可能影响评论体验的技术问题。

用户反馈收集：建立一个机制，收集用户对评论管理的反馈，包括他们遇到的问题和建议，持续改进系统功能。

## （四级）任务三　互动管理规则的制定方法

互动管理规则的制定从直播互动管理和主体责任督促两个方面进行。

### 一、直播互动管理

#### （一）进行敏感词拦截

目前几乎所有的直播平台都有自己的敏感词库。通过平台管理员设置，平台自动通过敏感词匹配达到拦截违规弹幕或评论的目的。敏感词拦截是非常有效的方式，且准确率极高，被系统误拦截的情况较少。但是敏感词拦截的缺点也很明显，其查全率完全依赖于敏感词库的丰富程度。除积累大量的敏感词外，敏感词的同义词、近义词、变形词等都需要长期积累，不断更新。

#### （二）进行词库过滤

弹幕或评论中除了可能有明显违规的敏感词，还可能充斥着大量毫无意义的字符。这些字符虽然无伤大雅，但是却极大地影响了用户对平台的评价，进而选择弹幕内容更优质的平台，因此平台选择进行词库过滤。

需要注意的是，通过词库过滤虽然能够将匹配的字符过滤掉，留下有实质意义的文字，但是很容易误伤高级弹幕，使得弹幕内容不完整，因为很多字符在弹幕语境中有其独特的含义，过滤后，弹幕语义会发生改变；词库过滤仅针对匹配的字符，弹幕的其他内容仍然保留，一般也不会以合理的方式通知用户，用户会误以为系统有缺陷或问题；同时，进行词库过滤后与直播平台畅所欲言的自由特质略有冲突。

所以，进行词库过滤需要慎重，每加一个字符，平台管理员都要认真观察，最大限度地规避上述缺点。

#### （三）屏蔽用户不良信息

全部屏蔽黑名单用户的弹幕或评论的做法也是直播平台进行信息过滤时常用的方法，有的平台甚至设置了用户禁言黑名单。

与敏感词库类似，黑名单的建立也需要运营人员长期摸索，不断更新。

#### （四）人工审核

对于平台拦截的弹幕，需要人工进行审核，以判断拦截是否合理，如不合理，要及时解除屏蔽。更重要的是，人工审核可以弥补技术的不足，及时发现平台没有拦截的违规弹幕，并进行处理。

除了对平台自动过滤掉的弹幕核查真伪、查漏补缺，人工审核最大的意义还在于提前发现言论中的不当苗头，及时预防。

## 二、主体责任督促

### （一）压实平台的主体责任

网络直播平台提供互联网直播服务，应当严格遵守法律法规和有关规定；严格履行网络直播平台的法定职责和义务，落实网络直播平台主体责任清单，对照网络直播行业主要问题清单建立健全和严格落实总编辑负责、内容审核、用户注册、跟帖评论、应急响应、技术安全、主播管理、培训考核、举报受理等内部管理制度。

### （二）明确主播的法律责任

主播应依法依规开展网络直播活动，不得从事危害国家安全、破坏社会稳定、扰乱社会秩序、侵犯他人合法权益、传播淫秽色情信息等法律法规禁止的活动；不得超许可范围发布互联网新闻信息；不得接受未经其监护人同意的未成年人打赏；不得从事平台内或跨平台违法违规交易；不得组织、煽动用户实施网络暴力；不得组织赌博或变相赌博等线上/线下违法活动。

无售后服务、售后服务不完善等问题已成为一个较大的"槽点"。针对这一问题，应当落实网络直播平台经营者的监管责任，针对商家、主播的售后服务制定相应罚则，限定售后服务处理时间，并对售后服务质量进行监督。具体来说，网络直播平台应当在直播间展示售后沟通渠道，并限定商家、主播对产品或服务的售后处理时间。若商家、主播未在限定时间内对出现问题的产品或服务进行售后处理，则网络直播平台有权按照事先制定的罚则对商家、主播进行处罚。

### （三）强化用户的行为规范

网络直播用户参与直播互动时，应当严格遵守法律法规的规定，文明互动、理性表达、合理消费；不得在直播间发布、传播违法违规信息；不得组织、煽动对网络主播或用户的攻击和谩骂；不得利用机器软件或组织"水军"发表负面评论和恶意"灌水"；不得营造斗富炫富、博取眼球等不良互动氛围。

## （四级）任务四　互动常见问题库的建立方法

每场直播的结束，都是用户端"狂欢"的结束，而在品牌商端，后期反馈、服务追踪、数据分析等一系列工作还需有条不紊地进行。直播营销的效果最终要落实到转化率上，品牌商要紧跟直播反馈，通过反馈不断修正自己的方案，不断提升直播营销方案的可行性。除此之外，要想直播营销取得成功，最好找到自己的优势所在。

## 一、收集直播反馈信息

### （一）来自评论和私信

直播是一场主播和用户之间的互动与交流。对于内容的安排和把握，主播除了需要将自己的想法展示给用户，还需要通过和用户的互动来了解用户的想法和需求。

在直播过程中，品牌商要关注直播间的前3个评论热点。例如，"使用技巧""优惠价格""多试用其他"等出现频率高的评论，下次直播时要重点突出，解答用户的主要痛点。而针对私信反馈，品牌商可以挑选活跃用户回信，收集深度反馈。这种做法一方面可以拉近主播和用户的距离；另一方面可以收集直接反馈，作为下次直播的参考。

没有用户的支持与关注，直播就毫无意义，所以主播在考虑直播内容时要从用户的需求出发，抓住他们的痛点，展示他们想看的内容。这样做会使用户有一种"被宠爱"的感觉，从而更加喜欢主播，信任主播，维护主播，加强彼此的互动和联系，也有利于主播个人特色的形成与IP的打造。例如，哔哩哔哩有一位名叫"爱闹腾的老王"的UP主（文件上传者），在创作内容时就经常根据网友的留言和评论选择直播或视频的话题，如图5-3所示。

图 5-3

此外，其直播或视频的内容创作点是基于用户的切身利益展开的，这样不仅能吸引大量用户观看，还能帮助用户解决实际问题，将自己所擅长的领域和用户的需求结合起来，形成了内容特色，增强了用户的忠实度和黏性。

## （二）来自客服人员

直播结束后，品牌商要尽快与客服人员沟通，及时发现售后过程中出现的各种问题，如物流缓慢、产品有瑕疵、用户使用后出现不良反应等，避免出现因沟通不及时而导致的负面影响。

## （三）来自站外渠道

直播结束后，品牌商要主动在社群表示感谢和支持，同时收集直播反馈；要通过第三方的数据监控、同类型品牌商的反馈等多种站外渠道进行调研，及时发现待优化问题。

## 二、找到自身优势

对新主播来说，要想打造具有个人特色的直播内容，可以从自身优势入手，如兴趣爱好、特长等。也就是说，做自己了解或擅长的内容和领域，有利于打造个人特色风格。

例如，中国政法大学的罗翔教授因早期讲解厚大法考的知识点和案例的视频被大量在哔哩哔哩转载而走红，之后受邀入驻哔哩哔哩平台，分享一些法律知识和对刑事案件的分析，如图 5-4 所示。他的见解独到，语言幽默风趣，举例时经常以虚拟人物"张三"为代表，导致"张三"被广大网友调侃为"法外狂徒张三"，成了一个在网络上流行的梗。罗翔教授便是利用自身的优势打造个人特色风格的体现。

图 5-4

自身的优势可以是先天优势，也可以是后天优势，先天优势指的是颜值高或声音很好听；后天优势指的是通过学习所掌握的技能，如才艺、知识等。图 5-5 所示为哔哩哔哩 UP 主"封茗囧菌"的游戏直播界面。这个主播不仅唱歌很好听，还会打游戏。其中，独特的嗓音是她最大的特色。

图 5-5

# 习题

一、判断题

1. 回答粉丝问题、提问式互动、引导关注和点赞是常见的加强直播互动的方法。（  ）

2. 新手主播在直播开场时应立即采用销售话术详细介绍产品，避免粉丝流失。（  ）

3. 在直播销售时，主播的表情和动作都要尽量夸张，以吸引粉丝的关注，提高成交率。（  ）

二、选择题

1. 以下选项中，不是淘宝平台的特点的是（　　）。

A. 及时性 　　　　　　　　　　B. "老铁经济"和"家族文化"

C. 直播品类多 　　　　　　　　D. 流量大

2. 以下选项中，不属于"直播带货"需要配置的岗位的是（　　）。

A. 主播 　　　　B. 场控 　　　　C. 客服 　　　　D. 产品供应商

3. 电商直播客服人员应具备的素质包括（　　）。

A. 商业素质 　　　　B. 新媒体素质 　　C. 综合素质 　　D. 以上都是

4. 下列符合直播平台标题规范的词是（　　）。

A. 万能 　　　　B. 绝无仅有 　　C. 口碑 　　　　D. 全球第一

三、简答题

1. 网店客服与用户沟通的基本要求有哪些？

2. 在日常的评价管理工作中，如何进行评价解释和修改评价？

3. 直播结束后，如何实现后期的有效反馈？

4. 直播电商的一般岗位有哪些？

# 售后

## 【项目导读】

本项目将介绍售后工作的主要内容，包括发货进度的查询、投诉问题的处理、售后标准工作流程的建立、智能交互系统的使用、售后工作报告的撰写等。

## 【项目目标】

1. 能查询产品的发货进度
2. 能处理用户投诉的问题
3. 能建立售后标准工作流程
4. 会设置和使用智能交互系统
5. 会进行售后工作报告的撰写

## （五级）任务一　发货进度查询方法

通过任意一种物流发货后，都会留下一份发货单。在买家收到商品并确认收货之前，卖家必须将发货单保存好，以便处理发货后期出现的纠纷。发货后，大部分买家都会关心发货进度，在其不方便查看时，卖家就可以通过发货单号来跟踪运输进度并告知买家。

以拼多多平台为例，在"发货管理"模块的"发货中心"页面，卖家可以查看发货记录、处理物流服务异常投诉、查看物流提醒，也可以开通极速发货服务，增加商品搜索权重，如图 6-1 所示。

在"发货管理"模块的"物流工具"页面，卖家可以设置运费模板和送装服务模板，管理发货地址，处理各种物流相关问题。

在"发货管理"模块的"物流概况"页面，卖家可以查看店铺最近 30 天的物流概况数据和指标，包括成团到发货、成团到揽件、成团到签收、发货到签收、揽件到签收、物流投诉率、物流详情完整度、发货单量等物流数据，以及快递公司、发货到签收（时）、揽收到签收（时）、物流投诉率、物流 DSR（卖家服务评级系统）等物流指标，如图 6-2 所示。

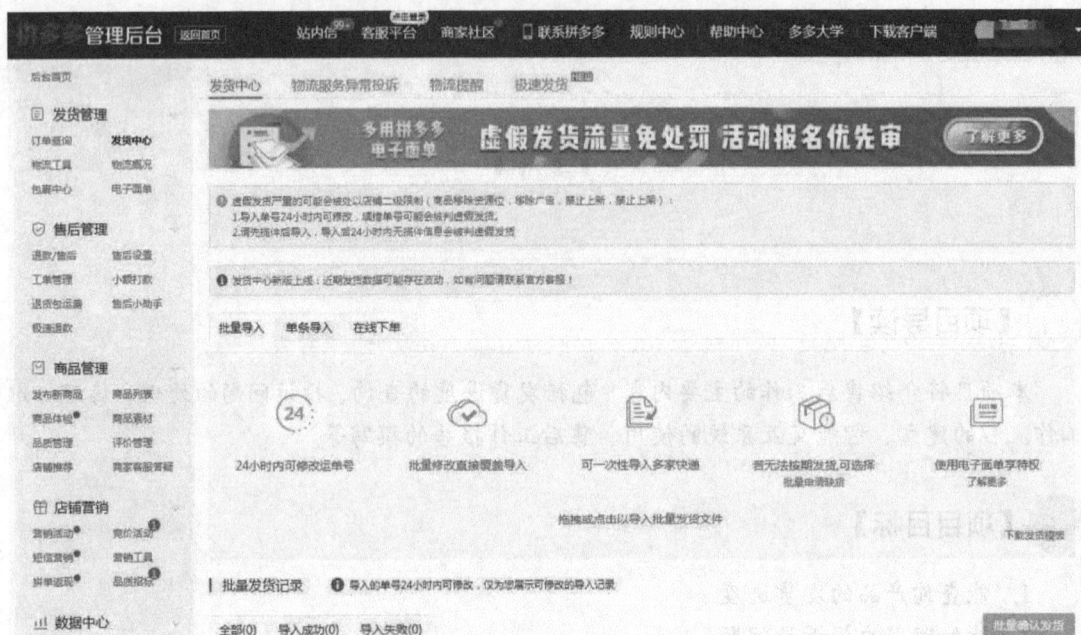

图 6-1

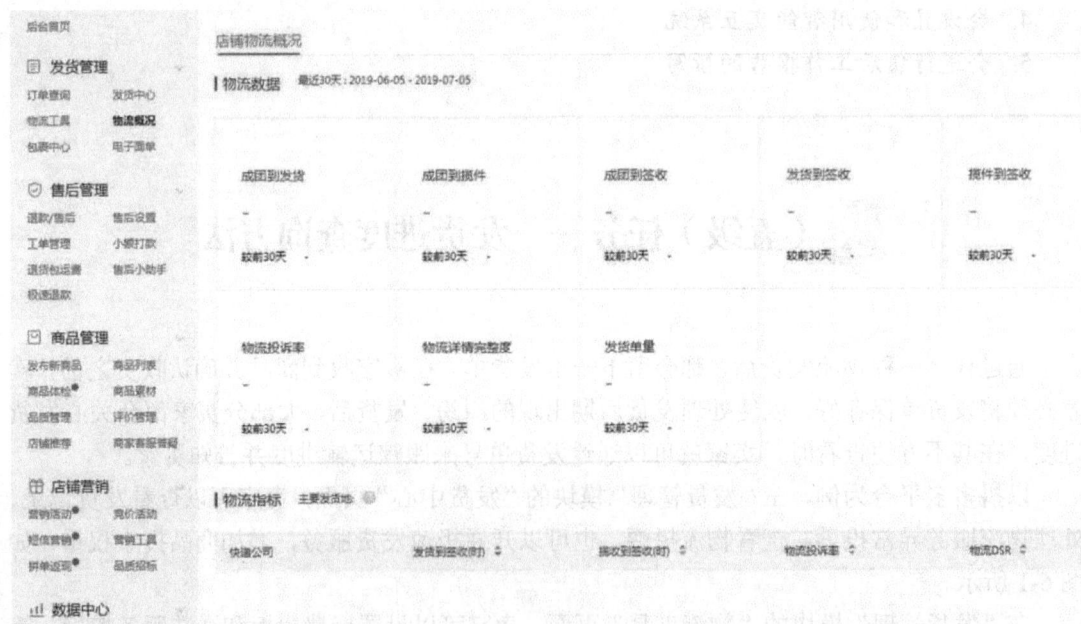

图 6-2

在"发货管理"模块的"包裹中心"页面，卖家可以快速筛选订单状态，包括揽收超时、派签超时和即将揽件超时的包裹，在查询结果中查看发货时间、订单号、物流公司、运单编号、面单类型、包裹状态、当前异常类型、异常时长、处理状态、卖家的处理操作等。

## 🔍（五级）任务二　投诉问题的处理方法

投诉是买家对卖家的商品质量、服务态度等方面不满，向卖家或平台反映情况，检举问题，并要求得到相应补偿的一种手段。

解决投诉的意义在于：如果不让买家的不满和问题得以释放和解决，他们大多不会再回购，而且会将问题告诉其他潜在买家；积极解决买家的投诉，会提高买家的回头率。

### 一、投诉处理流程

#### （一）耐心倾听，真诚道歉

当处理买家投诉时，要热情地对待，不要急着去辩解，更不能否认出现的问题，应当耐心地倾听买家针对商品和服务反映的问题。买家在反映质量问题时，可能表现出愤怒、泄气、失望等不良情绪，这时，客服人员应当换位思考（假如自己购物时发生了同样的问题，会怎样做）。

无论是什么原因造成买家不满意，客服人员都应该诚恳地道歉，对给买家造成的损失道歉，不要找借口，更不要对买家的抱怨敷衍了事。

#### （二）仔细询问，详细解释

当发泄出不良情绪后，买家的心情会相对平缓。客服人员可在此时询问买家的用户名及所交易的商品或服务，查看与买家之前的聊天记录和交易记录，与买家一起分析问题所在，解释出现这些问题的原因，再有针对性地找出问题的解决方案。切忌直接拒绝或教育、讽刺买家。

#### （三）进行补救，解决问题

了解事实后，应及时想出补救办法，至少提出一个以上的补救措施供买家选择。买家发现商品存在质量问题时，第一时间想到的是问题能不能得到解决，需要多久才能得到解决，当发现客服人员的补救办法合情合理时，就会消除心中的顾虑。

## （四）及时执行，跟进反馈

买家同意补救措施后要立即执行，如果有特殊原因无法执行或需要延迟执行，应立即通知买家。在补救措施执行过程中，要及时通知买家（可通过旺旺、QQ、短信等方式告知），让买家随时了解事件进程。

## 二、投诉处理要点

（1）保持冷静，避免个人情绪受影响。

（2）向积极方面去想，并采取积极的行动。

（3）只讲买家希望知道的，而不是自己想讲的。

（4）集中研究解决问题的办法，熟悉各种可行的办法，并向买家提出适当的建议。

（5）避免提供过多不必要的资料或假设。

（6）要充满信心。

（7）即使买家粗鲁，没有礼貌，也要保持关注和同情。

（8）多用"谢谢您提醒，我们会注意的""谢谢您告诉我们""我们明白您的困扰和问题"等类似语言。

## 三、投诉处理禁忌

客服人员在与买家沟通时要保持良好、积极的心态，解决在整个售后服务过程中出现的一切问题；要记住"客户永远是对的"。在整个售后服务过程中，客服人员要注意以下禁忌。

（1）不要直接拒绝买家，永远不要对买家说"不"。

（2）不要争辩、争吵或打断买家的聊天。倾听比解释更有用，应该给买家更多的机会说出其真实想法。

（3）不要暗示买家有错误；不要只强调自己正确的方面，不承认错误。

（4）不要暗示买家不重要，每个买家都是卖家的重要资源。

## （四级）任务三　售后标准工作流程的主要内容

为了巩固直播的效果，更好地维护与用户之间的关系，售后服务也非常重要。

市场营销的竞争实际上是对用户的竞争，用户的满意度是检验营销工作成败的核心标准。所以，直播售后是提高用户满意度、巩固用户黏性的重要工作，是直播团队不可或缺的工作内容。良好的售后，有助于发展更多的忠诚用户，提高直播间的信誉度和美誉度，有利于直播间整体定位的提升，增加直播间在同业者中的竞争优势。

## 一、在提供售后过程中应注意的方面

### （一）保持与用户的长期交流

每个用户，特别是下单采购的用户，都是直播团队经过策划、营销、直播运营等多个环节才获得的，对直播团队来说都是非常宝贵的资源。维持与这些用户的长期交流会对直播间的长期发展有非常好的促进作用。良性的长期交流既可提高这些用户的复购率，又能使直播团队了解用户的需求。此外，关系维护良好的用户有可能介绍更多的用户关注直播间，从而形成有效的口碑传播。与用户的售后交流有多种方式，短信、社群、站内信息等都是适合采取的方式。

### （二）及时回复用户的反馈信息

用户是直播间服务的核心对象，所以直播团队应该立即关注用户给出的反馈信息，并及时给出回复。用户的反馈信息可能是对购买产品或直播间体验的满意反馈，可能是对产品的细节咨询，也可能是对产品本身、采购过程或主播提供的信息等的不满抱怨，无论是哪一类的用户反馈信息，都应该获得直播团队的关注。特别是对于用户的不满、抱怨，直播团队更应该给出即时回复，安抚好用户的情绪，然后尽快提出解决方案。直播团队一定要秉持诚恳认真的心态与用户进行交流，耐心倾听用户的不满并尽力解决，挽回用户对直播间的信任，同时根据出现的问题，优化直播活动，提升服务水平。

### （三）进行二次服务跟进

售卖任何一款产品，都有可能出现订单取消、退/换货等情况。直播团队一方面要按照售后规则处理用户的申请，另一方面要借机收集整理这些售后申请所反映出的问题及用户的需求，因为这对未来选品、直播脚本设计、营销方案制定等都会有很好的帮助作用。在此过程中，让用户感受到服务的专业性和直播间的诚意，可以提高用户的复购率。

## 二、售后标准工作流程

售后标准工作流程一般包括以下几个步骤。

（1）用户投诉或申请：用户通过电话、邮件、在线聊天等方式向售后部门提出问题、投诉或申请退/换货等。

（2）问题确认与记录：与用户进行沟通，确认问题的具体情况，并将相关信息记录下来，包括用户姓名、订单号、问题描述等。

（3）问题分析与解决：根据用户提供的信息分析问题的原因和性质，并提供相应的解决方案。如果问题无法在电话中或在线沟通中解决，可能需要安排上门维修、退/换货等操作。

（4）解决方案协商与确认：与用户协商并提供解决方案，包括退款、补发、维修等不同选项。双方达成一致意见后，确认解决方案。

（5）解决方案执行：根据双方同意的解决方案执行相应的操作，如处理退款、安排寄送或维修服务等。

（6）跟进与反馈：在解决方案执行完毕后，跟进用户的反馈和满意度，确保问题得到圆满解决；记录下来，以供参考和改进。

（7）数据统计与分析：对每个案例进行数据统计与分析，以评估服务质量、发现问题，并及时调整工作流程，提高售后服务的效率和质量。

售后标准工作流程会因企业规模、行业特点等不同而有所不同。但总体来说，核心目标是通过专业、高效的售后服务，满足用户的需求并提升用户满意度，维护企业的声誉和品牌形象。

## （三级）任务四　智能交互系统的使用方法

### 一、智能交互系统概述

在当前的电商与直播电商领域，智能交互系统已经得到了广泛的应用。这些系统主要基于人工智能、大数据和云计算等技术，能够自动识别用户的问题和需求，并提供相应的回复模板和解决方案。智能交互系统不仅提升了用户体验，还极大地减轻了人工客服的压力，提高了工作效率。

智能交互系统通常具备以下功能。

自动回复：能够自动识别用户的问题，并基于预设的回复模板或知识库进行快速回复。

智能推荐：根据用户的浏览历史和购买行为，智能推荐相关产品或服务。

数据分析：对用户的交互数据进行深度分析，为商家提供精准的用户画像和营销建议。

多渠道接入：支持多种沟通渠道，如网页、APP、社交媒体等，实现全方位的用户交互。

## 二、智能交互系统的开通与操作步骤

不同平台的智能交互系统的开通步骤有所不同。下面以几个典型的平台为例进行说明。

### （一）淘宝/天猫平台

登录卖家中心：使用淘宝或天猫卖家账号登录卖家中心。

进入智能客服设置：在卖家中心找到"客服管理"或"智能客服"相关设置入口。

开通智能客服功能：根据页面提示开通智能客服功能，并设置相关参数，如回复模板、知识库等。

测试与优化：进行实际测试，根据用户反馈进行优化调整。

用户通过淘宝/天猫平台发起咨询时，智能交互系统会自动识别用户问题并进行回复。若智能交互系统无法满足用户需求，会自动转接至人工客服进行处理。

### （二）抖音平台

申请企业认证：在抖音平台申请企业认证，提交相关资质材料。

进入小店管理：认证通过后，进入抖音小店管理后台。

开通智能客服功能：在管理后台找到"客服管理"或"智能客服"相关设置入口，根据页面提示开通智能客服功能，并设置相关参数。

用户通过抖音平台进入商家店铺或直播间时，可以通过智能客服功能与商家进行交互。智能客服会根据用户问题自动回复，或引导用户进行进一步的操作。

### （三）其他平台

其他平台（如京东、拼多多、快手等）的智能交互系统的开通与操作步骤大致相似，主要流程包括登录商家后台、找到设置入口、根据页面提示开通智能客服功能，并设置相关参数。

## 三、通过智能交互系统回复用户信息

### （一）预设回复模板

智能交互系统通常支持预设回复模板。商家可以根据常见问题和业务需求，提前设置好回复模板。当用户发起咨询时，系统会根据问题类型自动匹配并发送相应的回复模板。

## （二）知识库管理

为了提升智能回复的准确性和专业性，商家需要建立并维护一个全面的知识库，如图 6-3 所示。知识库应包含商品信息、售后服务政策、常见问题解答等内容。当用户提问时，系统会在知识库中搜索相关答案并进行回复。

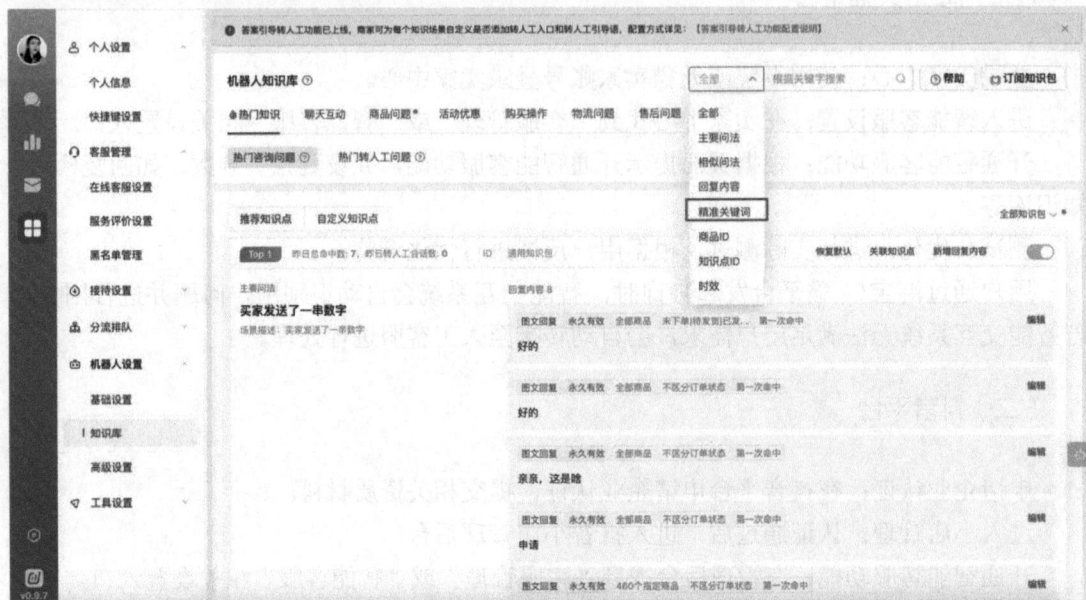

图 6-3

## （三）人工辅助与优化

虽然智能交互系统能够处理大部分常见问题，但在某些复杂或特殊情况下，仍需要人工客服的辅助。因此，商家应确保有足够的人工客服资源，以便在需要时进行人工干预和优化。此外，商家还应定期对智能交互系统的回复效果进行评估和优化。通过分析用户反馈和交互数据，不断优化回复模板和知识库内容，提升用户体验和满意度。

# （三级）任务五　售后工作报告的主要内容和撰写技巧

## 一、售后工作报告的主要内容

### （一）报告概述

时间范围：明确报告覆盖的具体时间段，如"2024 年第一季度（1 月 1 日至 3 月 31 日）

售后工作报告"，有助于读者快速定位报告的背景和时效性。

目的与背景：详细阐述编写此报告的目的，如评估售后服务质量、识别服务过程中的瓶颈、收集用户反馈以指导产品改进等。同时，简述当前市场环境或企业内部变化对售后服务的影响，作为撰写报告的背景。

数据来源：明确报告所依赖的数据来源，包括但不限于客服系统的记录、用户满意度调查数据、社交媒体监测数据、内部质量审核报告等，并简要说明数据收集的方法和标准，确保数据的准确性和可靠性。

## （二）售后服务概况

服务量统计：除了可以提供总量，还可以提供每日、每周或每月的服务量变化趋势，以及不同时间段内的服务量对比情况，以揭示服务需求的周期性或突发性特征。

服务渠道分析：分析各服务渠道的使用频率、效率（如响应时间、解决率）和用户满意度，识别出高效和低效的渠道，为资源分配和服务优化提供依据。

问题分类统计：除了可以按类型分类，还可以按产品系列、用户群体等维度进行细分，以更全面地了解问题分布和用户需求。

## （三）问题分析与典型案例

问题根源探究：运用数据分析、用户访谈、专家评审等多种方法，将深入挖掘的问题背后的原因描述出来，包括技术、流程、管理等多个层面。

典型案例剖析：选取具有代表性的案例，详细描述问题发生和处理过程、用户反馈和最终解决方案，同时提炼出可复用的经验和教训，为类似问题的解决提供参考。

## （四）用户满意度与反馈

满意度调查结果：展示整体满意度，甚至细化到各服务环节、各系列产品的满意度评价，以及用户对不同服务渠道的偏好和期望。

用户声音：直接引用用户的原话或反馈截图，增加报告的真实性和说服力。同时，对用户反馈进行分类整理，识别出共性问题和个性化需求。

## （五）改进措施与规划

短期措施：针对当前的紧迫问题提出具体、可操作的改进措施，并设定明确的时间表和责任人。

长期规划：结合企业战略和用户需求制订长期的服务质量提升计划，包括技术创新、流程优化、人才培养等多个方面。同时，明确长期目标、阶段性任务和评估标准。

（六）效果预测与风险评估

效果预测：基于历史数据和行业趋势，对改进措施的实施效果进行合理预测，包括服务效率提升、用户满意度增加、成本降低等方面。

风险评估：全面评估改进措施可能带来的风险，包括技术难度、成本投入、用户接受度等，并提出相应的风险应对策略和预案。

（七）总结与建议

总结：对售后服务工作的整体表现进行客观总结，肯定成绩，指出不足。

建议：向管理层或相关部门提出具体、可行的改进建议，包括加强跨部门协作、优化资源配置、提升员工技能等方面。同时，提出对未来工作的展望和期望。

## 二、售后工作报告的撰写技巧

（一）明确报告目的与受众

在明确报告目的与受众时，可以使用项目管理工具（如 Trello、Jira）设置任务清单，明确每个阶段的输出和受众需求，确保整个撰写过程有的放矢。

（二）收集全面准确的数据

首先，数据来源要多样化。一方面，可以利用 CRM（客户关系管理）系统或专门的客服软件（如 Zendesk、Salesforce Service Cloud）收集用户咨询、投诉及反馈数据；另一方面，可以通过在线问卷工具（如 SurveyMonkey、问卷星）进行用户满意度调查，收集用户对服务的直接评价。

其次，要进行数据清洗与整理。可以使用 Excel、Google Sheets 等电子表格软件对数据进行筛选、排序、去重等处理，确保数据的准确性和一致性。借助数据分析软件（如 Tableau、Power BI）的预处理功能，进一步清洗与整理数据，为后续分析做准备。

（三）逻辑清晰，条理分明

在撰写报告前，先列出大纲，明确每个章节的主题和要点，使用思维导图工具（如 XMind、MindMaster）辅助进行结构规划。段落组织方面，每个段落围绕一个中心思想展开，使用"主题句—支持句—结论句"的结构，确保内容条理清晰。在段落或章节之间使用恰当的过渡词或句子，如"此外""然而""综上所述"等，使整篇报告连贯流畅。

## （四）注重分析与洞察

学会利用统计分析软件（如 SPSS、R 语言）进行复杂的数据分析，如相关性分析、回归分析等，挖掘数据背后的规律。使用数据可视化工具（如 ECharts、D3.js）将分析结果以图表、图形的形式呈现，直观展示数据趋势。同时，还可以结合行业报告、竞品分析等资料，将数据分析结果与外部环境相结合，提炼出更具战略意义的内容。此外，还可以组织召开团队讨论会或专家评审会，集思广益，从不同角度审视数据和分析结果。

## （五）客观公正，避免偏见

要用数据说话。在阐述问题和提出解决方案时，应尽量以数据为依据，减少主观臆断和偏见。在得出结论前，尽可能收集多方面的证据和信息，进行交叉验证，确保结论的准确性和客观性。

## （六）语言精练，表达准确

应使用简单明了的语言表达复杂的概念和问题。避免使用行业术语或复杂词汇，除非必要且已作解释。必要时举例说明，通过具体的案例或故事来阐释抽象的概念或理论，使表达更加生动易懂。

完成初稿后，应进行多次校对和修改，检查语法错误、拼写错误和表达不清的地方，确保报告的质量。

# 习题

## 一、判断题

1. 因为直播中存在不可控因素，所以在策划直播方案时，无须策划直播时长。（　　）
2. 短视频内容策划可以从知识类、娱乐类、情感类、创意类 4 个角度进行。（　　）

## 二、简答题

1. 请写出处理客户投诉的流程。
2. 投诉处理的禁忌有哪些？

# 复盘

### 【项目导读】

所谓复盘，就是人们在完成任务后，对任务进行回顾、分析、总结，从而达到查漏补缺、积累经验的目的。直播复盘是直播活动中非常重要的一个环节。对于效果超过预期计划的直播活动，需要分析总结每个环节的成功经验，并将之应用于下一次直播策划；对于没有达到预期计划的直播活动，需要总结出现问题的地方、发生的失误，并讨论和分析改进方式，避免在未来的直播活动中再次发生类似情况。对刚开始带货的直播团队而言，复盘必不可少。只有在每次直播后及时复盘，才能发现问题所在，从而摒除缺点，沉淀优点，进行直播优化。

本项目将讲解复盘相关工作，如数据采集、统计软件的使用，进一步学习数据复核方法，最后制定数据维度和分析标准，了解数据采集操作流程。

### 【项目目标】

1. 能采集营销数据
2. 能统计营销数据
3. 能对售前预测数据进行复核
4. 能优化营销方案
5. 能制定数据维度和分析标准
6. 能制定数据采集操作流程

## （五级）任务一　营销数据采集

### 一、实时监测

实时监测是短视频营销数据采集的重要组成部分，旨在即时了解短视频在各大平台上发布后的实时表现，快速响应市场反馈，调整优化策略。进行实时监测时，主要关注以下 5 个关键指标。

（1）播放量：反映短视频被用户观看的次数，是衡量短视频曝光度的基础指标。

（2）评论量：用户主动发表意见的数量，体现了短视频引发讨论与互动的活跃度，其中正面、负面及中立评论的比例可以反映用户情绪。

（3）点赞量：反映用户对短视频内容的认可程度，可作为评估内容吸引力与用户满意度的直接依据。

（4）分享量：用户将短视频转发到个人社交账号或群组的数量，反映了内容的"病毒式"传播潜力和口碑效应。

（5）关注转化情况：通过短视频引导新用户关注品牌账号的数量，是衡量品牌影响力扩大和粉丝群体增长的关键指标。

图 7-1 所示为灰豚数据平台短视频实时监测数据界面。

图 7-1

## 二、用户行为数据

用户行为数据深入揭示了用户在观看短视频后的行为轨迹，对于视频创推员理解用户参与度、兴趣偏好及购买决策过程具有极高的价值。以下是一些关键的用户行为数据点。

（1）观看时长：用户完整观看短视频或观看短视频的时间，可以反映内容吸引力及用户关注度。

（2）互动行为：包括用户收藏短视频、回复评论、私信咨询等。这些动作揭示了用户的参与程度和潜在购买意愿。

（3）点击链接：若短视频内嵌有落地页链接或商品链接，点击率可衡量用户对推广内容的兴趣及转化入口的吸引力。

（4）加入购物车：在电商类短视频中，用户将商品加入购物车的动作反映了其具有初步购买意向，是转化漏斗中的重要环节。

（5）完成购买：最终的购买行为是直接转化指标，用于计算投入产出比（ROI）和客户获取成本（CAC），评估营销活动的经济效益。

获取用户行为数据通常需要对接平台的 API，或者利用平台提供的商家后台、数据导出功能。部分电商平台和社交媒体平台已具备完善的数据追踪与分析功能，可以直接获取上述数据。

图 7-2 所示为腾讯视频号后台的视频相关用户行为数据界面。

图 7-2

## 三、竞品分析

竞品分析通过对同类竞品短视频的监控，为自身的营销策略提供外部参照和改进灵感。

进行竞品分析时主要关注以下 4 个方面。

（1）发布频率：研究竞品短视频的发布频次、时段规律，分析其对用户黏性及平台算法推荐的影响。

（2）话题选择：观察竞品短视频聚焦的主题、热点话题参与情况，评估其吸引目标受众的有效性。

（3）创意手法：分析竞品短视频在剧本设计、拍摄技巧、后期特效、音乐搭配等方面的创新之处，寻找可供借鉴的元素。

（4）受众反馈：关注竞品短视频的用户评论、评分、互动率等，了解其在目标市场中的口碑与影响力。

竞品分析数据可通过手动浏览竞品账号、订阅竞品动态，或者使用专业的竞品分析工具来获取。工具通常能够自动抓取竞品数据，并提供对比分析，简化数据分析过程。

图 7-3 所示为巨量千川后台的商品竞争分析界面。

图 7-3

# ![] （五级）任务二　营销数据统计方法与工具

## 一、营销数据常用统计方法

（一）基础统计

基础统计是指对营销数据进行初步量化处理，通过计算各项关键指标的基本统计量，以简洁明了的方式评估短视频的整体表现。以下是一些常用的基础统计量。

（1）总量：总播放量、总评论量、总点赞量、总分享量等，直观地反映短视频在一定时间内的总体曝光情况和用户互动情况。

（2）平均值：单条视频的平均播放量、平均评论率（评论量÷播放量×100%）、平均点赞率（点赞量÷播放量×100%）等，展示短视频内容的平均水平和稳定性。

（3）增长率：播放量、点赞量、粉丝数等指标的环比增长率（本期数值与上期数值之差除以上期数值）、同比增长率（本期数值与去年同期数值之差除以去年同期数值），反映短视频增长势头及季节性波动。

图 7-4 所示为蝉妈妈数据服务平台短视频爆品探测工具/报表界面。

图 7-4

## （二）趋势分析

趋势分析旨在通过绘制数据时间序列图表，揭示短视频关键指标随时间的推进而发生变化的规律，有助于判断营销活动的效果及市场反应。常用图表包括折线图、柱状图、面积图等。

（1）播放量趋势：显示短视频播放量随发布日期的变化而发生的变化，能反映出特定营销活动、热点事件或季节因素对播放量的影响。

（2）互动率趋势：显示评论率、点赞率、分享率等互动指标随时间的变化而发生的波动，揭示用户参与度的变化趋势，以及内容吸引力的持续性。

（3）关键节点分析：标记重要营销活动开始、结束时间点或内容策略调整节点，观察其对数据趋势的即时影响和长期效应。

图 7-5 所示为腾讯视频号短视频数据诊断界面，以图表形式展示了短视频数据趋势和来源分布。

## （三）转化漏斗分析

转化漏斗分析通过构建用户从观看短视频到最终转化（如购买、注册、预约等）的多步骤流程模型，量化各阶段的转化率和流失情况，旨在帮助相关人员识别并优化转化路径中的瓶颈。典型的转化漏斗分析可能包括以下过程。

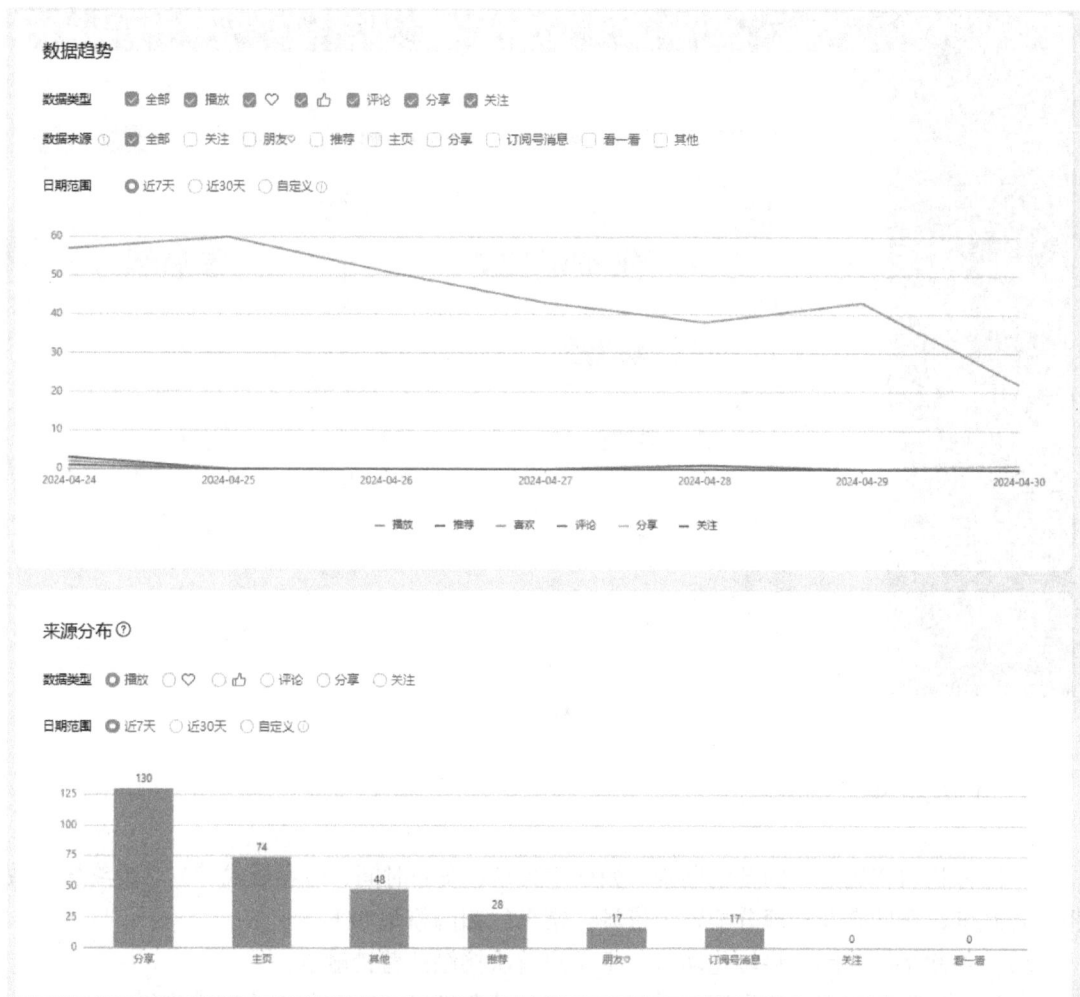

数据趋势

数据类型 ☑全部 ☑播放 ☑♡ ☑👍 ☑评论 ☑分享 ☑关注

数据来源⑦ ☑全部 □关注 □朋友♡ □推荐 □主页 □分享 □订阅号消息 □看一看 □其他

日期范围 ⦿近7天 ○近30天 ○自定义⑦

来源分布⑦

数据类型 ⦿播放 ○♡ ○👍 ○评论 ○分享 ○关注

日期范围 ⦿近7天 ○近30天 ○自定义⑦

图 7-5

（1）观看短视频：用户首次接触到短视频。

（2）产生互动：用户评论、点赞、分享或点击链接。

（3）访问落地页：用户点击短视频内的链接后进入详情页面或商品页面。

（4）加入购物车/收藏：用户对商品表现出明确的购买意向。

（5）完成购买：用户完成支付，实现最终转化。

通过计算各阶段的转化率（本阶段人数÷上一阶段人数×100%）及整体转化漏斗的流失率，可以清晰地看到用户在哪个环节流失得最多，可有针对性地优化内容、加强互动引导、优化落地页设计或调整促销策略。

图 7-6 所示为神策数据平台的漏斗分析界面。

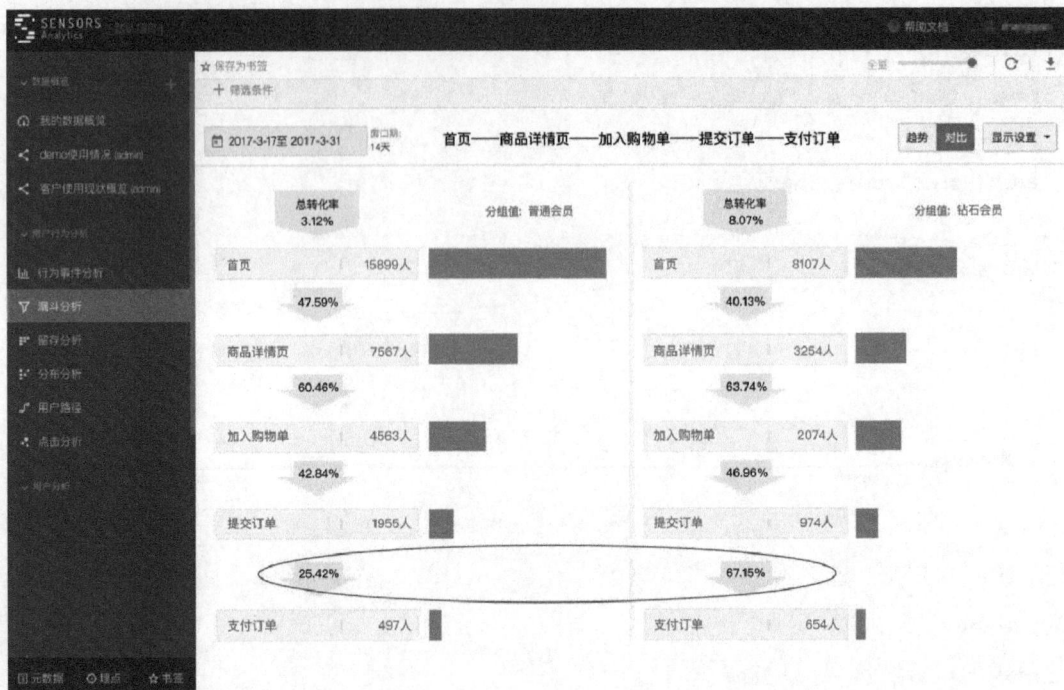

图 7-6

（四）归因分析

归因分析旨在确定不同营销因素（如推广渠道、发布时间、内容形式等）对最终转化效果的贡献度，帮助企业合理分配营销资源。常见的归因模型如下。

（1）首次接触归因：将转化功劳归于用户首次接触的营销触点。

（2）末次接触归因：认为用户最后一次接触的营销触点对转化起决定性作用。

（3）线性归因：将转化功劳均匀分配给所有营销触点。

（4）时间衰减归因：认为越接近转化发生时刻的营销触点，功劳越大。

（5）U 形归因：重视首次和末次接触，中间的营销触点权重较低。

通过对不同因素的归因分析，可以找出最具影响力的营销策略组合，为未来的营销决策提供依据。

## 二、营销统计工作流程及常用工具

（一）数据整理

（1）确定分析目标：明确进行本次数据分析的目的，如评估某次营销活动效果、优化内容策略或研究用户行为等。

（2）提取数据集：从数据库中筛选出与分析目标相关的数据，包括短视频数据、用户行为数据、转化数据等。

（3）数据预处理：清洗异常值、填充缺失值、转换数据格式，确保数据质量符合统计分析要求。

## （二）统计计算

（1）使用统计软件：如 Microsoft Excel、IBM SPSS 等，通过内置函数或插件进行基础统计计算、趋势分析、转化漏斗计算和归因分析。

（2）编程实现：利用 Python、R 等编程语言，结合 Pandas、NumPy、Statsmodels 等库进行复杂的数据处理和统计分析。

## （三）可视化呈现

（1）选择图表工具：如 Tableau、Power BI、Google Data Studio 等数据可视化平台，或 Python 的 Matplotlib、Seaborn 等库。

（2）创建可视化图表：根据分析结果设计合适的图表类型，如柱状图、折线图、饼图、热力图、漏斗图等，清晰展示数据分布情况、对比数据、趋势等。

（3）交互式探索：利用可视化工具的交互功能，允许用户通过过滤、下钻、联动等方式动态探索数据，增强分析体验。

图 7-7 所示为使用 Tableau 创建的可视化图表。

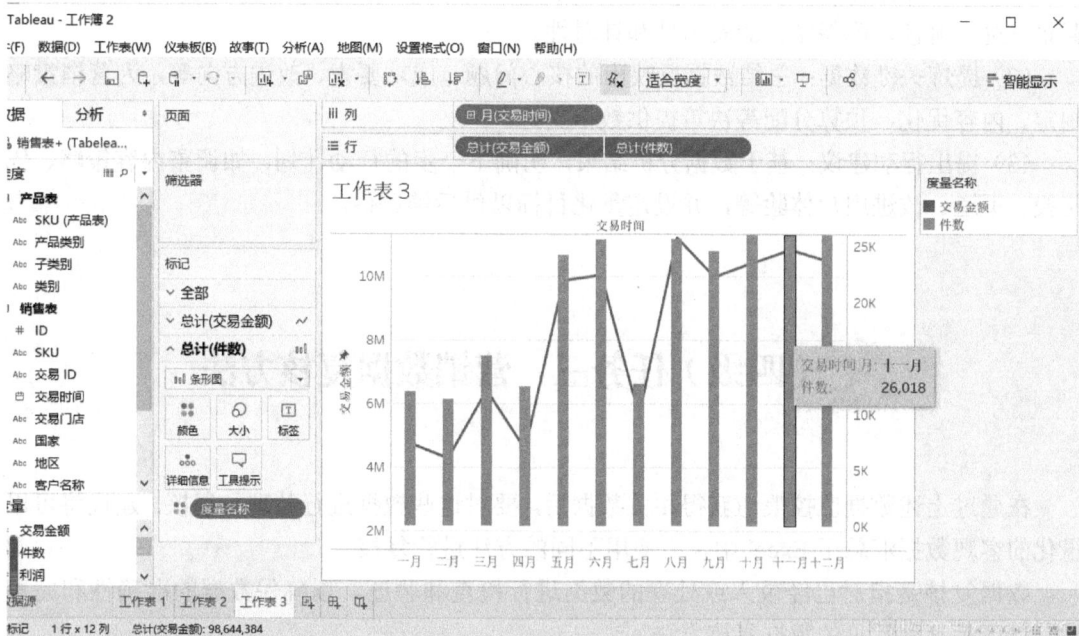

图 7-7

图 7-8 所示为使用 Power BI 创建的可视化图表。

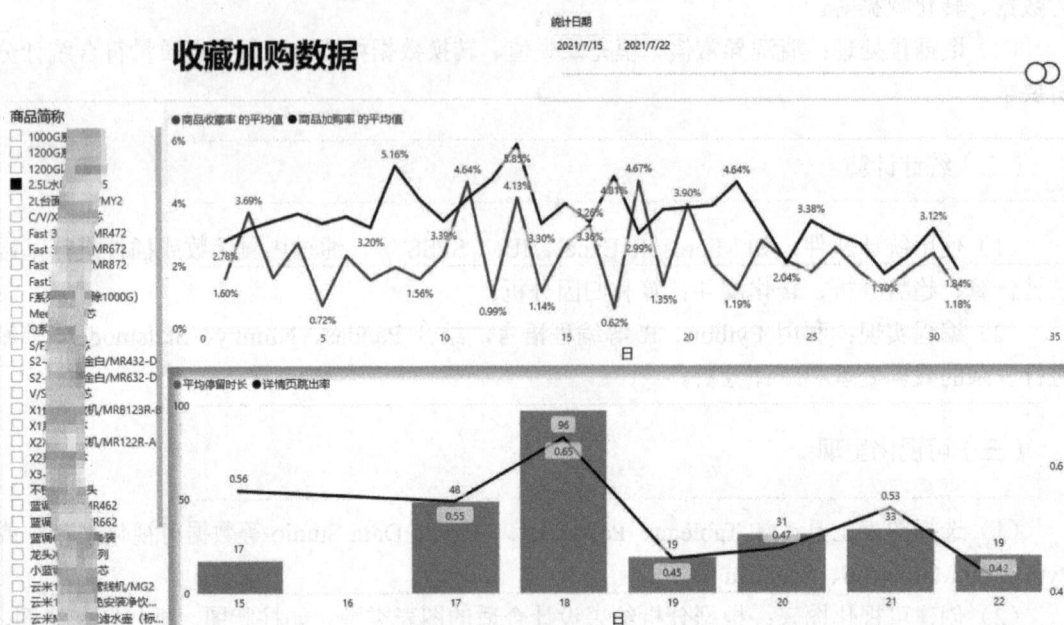

图 7-8

**（四）解读分析**

（1）结合业务背景：将统计结果置于具体的市场环境、竞争态势、产品生命周期等业务背景下进行解读，确保结论的实用性和针对性。

（2）提炼关键数据：总结数据反映出的核心问题、成功要素、改进方向等，为营销策略制定、内容优化、预算分配等决策提供数据支持。

（3）提出行动建议：基于数据分析结果，明确下一步的行动计划，如调整内容策略、优化投放渠道、改进用户体验等，并设定量化目标以供后续评估。

# （四级）任务三　营销数据复核方法

在通过上述数据监控渠道获得相关数据后，要对这些数据进行整理和复核。建议将可以量化的客观数据汇总于 Excel 中，方便用不同的方法进行复核。

数据复核是指对已经录入或处理的数据进行检查和验证，以确保数据的准确性和完整性。以下是几种常见的数据复核方法。

## 一、双人复核法

两名成员独立对同一批数据进行录入或处理，然后比对两份结果是否一致。如果出现差异，需要进一步核实并纠正错误。

## 二、交叉引用校验法

通过与其他相关数据进行比对来验证数据的准确性。例如，将某个字段的值与其他字段的值进行比对，或者将其与外部数据源进行比对，确保数据的一致性。

## 三、样本抽查法

从大量数据中随机选择一小部分样本进行复核，验证其准确性。样本的选择要具有代表性，以确保复核结果能够代表整体数据。

## 四、逻辑校验法

根据数据之间的逻辑关系进行校验，确保数据符合特定的规则和约束条件。例如，校验日期是否在合理范围内或计算结果是否正确等。

## 五、异常数据识别法

通过定义异常值的规则或模型，对数据进行扫描和识别，找出可能存在的异常数据或异常模式，再对异常数据或异常模式进行进一步的核实和处理。

## 六、数据可视化与对比法

通过使用数据可视化工具或报表来呈现数据，以便直观地检查和对比数据。例如，使用图表、表格等方式展示数据，从中寻找潜在的问题或错误。

应根据具体情况选择适合的数据复核方法，可单独使用，也可结合使用。数据复核有助于提高数据的准确性，降低错误率，并确保数据对后续的分析和决策具有可靠性和价值。

## （四级）任务四　营销方案优化方法

直播间营销方案优化可以从以下几个方向进行。

（1）增加引流爆款、秒杀款：让用户在直播间有获得感，花更少的钱买到更优质的产品。

（2）提高主播的引导力、感染力、亲和力和颜值：主播在直播间里就是一名销售者，用户买不买账和主播有很大的关联。

（3）调整产品：选品是直播的地基，如果"随意"选择产品，会让整体的销售产出很"随意"，会损伤 IP 在用户心中的信任度。进行选品时需注意：产品应具有价格/赠品优势、品牌优势；热度高、性价比高；为通勤款，大众适用；功能性强，使用方便；特殊状况下，为需求性产品；根据直播主题调整选品维度优先级。

（4）环境布景：直播间可以与产品相关，比如卖服装的直播间背景可以是服装店、服装工厂，在卖护肤品的直播间中陈列各种各样的护肤品。这样更容易有场景感，更容易涨粉。

（5）产品信息诊断：根据后台对直播数据及产品信息的分析，罗列出供应产品信息和行业信息，以及供应产品目前存在的核心问题，方便用户去管理和优化产品信息。

## （三级）任务五　数据维度和分析标准的制定方法

本任务以短视频营销为例进行介绍。

### 一、数据维度

（一）关键绩效指标

关键绩效指标（Key Performance Index，KPI）是衡量短视频营销效果的核心指标，提供了客观、量化的评价标准，帮助团队明确目标、追踪进度、评估效果。以下是短视频营销中常见的 KPI。

（1）播放完成率：衡量视频被完整观看的比例，反映内容吸引力及用户黏性。

（2）互动率：包括评论率、点赞率、分享率等，体现用户对内容的积极反馈与参与度。

（3）转化率：包括点击转化率、购买转化率、注册转化率等，反映从观看视频到产生特定行动（如点击链接、购买商品、注册账号等）的用户比例。

（4）客户获取成本（CAC）：广告支出或其他营销费用除以新获取的客户数量，衡量获取单个新客户的经济成本。

（5）品牌提及率：通过监控社交媒体、搜索引擎等渠道，统计提及品牌的次数与总讨论量的比例，反映品牌影响力和口碑传播效果。

（6）粉丝增长率：追踪短视频账号的粉丝数量随时间的增长情况，评估内容的持续吸引能力和留住用户能力。

（二）数据细分

为了深入了解营销效果，需对数据进行细化分析，从不同维度剖析 KPI 的表现。常见的细分维度如下。

（1）时间段：按日、周、月、季度或特定节日、促销期等时间段分析数据，揭示用户行为的周期性规律和营销活动的时效性效果。

（2）地域：按国家、地区、城市等地理层次划分数据，了解不同地区的用户偏好和市场潜力，为地域定向营销提供依据。

（3）用户画像：基于年龄、性别、职业、兴趣标签、消费水平等用户属性，分析不同群体对内容的响应差异，实现精准营销。

（4）内容主题：按照视频内容的主题、风格、类型等进行分类，评估各类内容在吸引用户、引发互动、推动转化方面的效能。

（三）行业对标

参照行业标准或竞品数据，设定合理且具有挑战性的业绩基准，有助于客观评估自身表现，找出优势与短板，制定更具竞争力的策略。对标过程如下。

（1）收集行业报告：关注权威机构发布的行业研究报告，了解短视频营销领域的总体趋势、平均指标水平、最佳实践等信息。

（2）研究平台数据报告：利用各大短视频平台提供的官方数据报告，掌握平台用户特性、热门内容特征、广告效果等行业特有数据。

（3）分析竞品公开数据：通过竞品账号公开的数据（如粉丝数、评论数、点赞数等）、第三方监测工具或行业交流信息，获取竞品的 KPI 表现。

（4）设定对标基准：结合自身定位与目标，选取合适的对标对象（如行业平均水平、领先竞品、特定标杆案例等），设定各维度的业绩基准或目标值。

图 7-9 所示为巨量千川后台的效果对比分析界面。

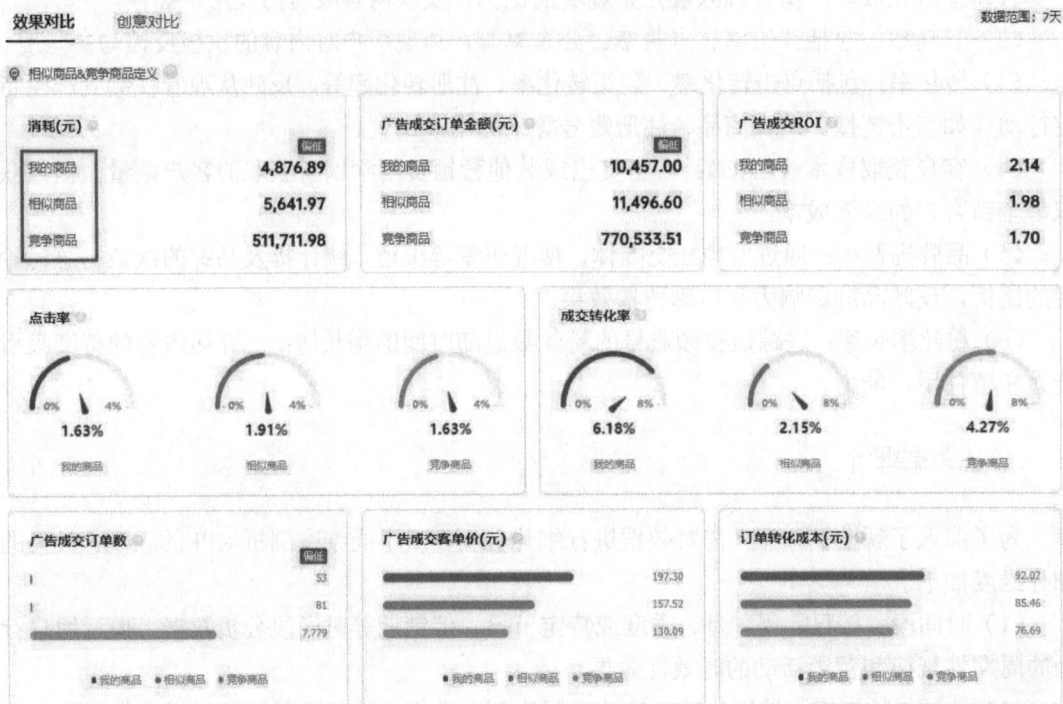

图 7-9

## 二、分析标准的制定方法

### （一）KPI 体系构建

（1）明确营销目标：梳理短视频营销的整体目标，如提升品牌知名度、增加用户互动量、促进产品销售、降低获客成本等。

（2）选择与关联 KPI：根据营销目标，筛选出最能反映目标达成情况的关键指标，并明确各指标间的逻辑关系。

（3）设定权重与阈值：对于多项目标并存的情况，为各个 KPI 分配权重，体现其对整体目标的贡献程度；设置预警阈值，便于及时发现潜在问题。

### （二）细分维度划分

（1）梳理业务逻辑：理解短视频营销业务流程，识别影响 KPI 表现的关键环节与因素。

（2）分析用户行为：研究用户在短视频平台上的行为模式，确定影响用户参与、转化的重要节点。

（3）确定细分维度：结合业务特点与用户行为特征，确定用于深入分析 KPI 的细分维度，确保覆盖影响效果的主要方面。

## （三）评价标准设定

（1）搜集对标数据：按照"行业对标"部分的方法，收集行业报告、平台数据报告、竞品公开数据等信息。

（2）设定评价标准：基于对标数据，设定各维度的评价标准或目标值，如期望达到的完播率、互动率、转化率等。

（3）制订增长计划：对于关键 KPI，设定短期、中期、长期的增长目标，形成阶梯式提升路径。

## （四）定期评估与调整

（1）定期进行分析：按季度或年度对 KPI 体系、细分维度和评价标准进行系统性分析，评估实际表现与既定标准的吻合程度。

（2）监测市场环境：密切关注行业动态、平台政策、竞品策略变化、用户行为趋势等市场环境因素。

（3）修订标准：根据评估结果与市场变化适时调整 KPI 体系、细分维度和评价标准，确保其与时俱进，持续引导营销策略优化。

# （三级）任务六　数据采集操作流程的制定方法

本任务以短视频营销为例进行介绍。

## 一、数据采集的主要操作流程及工作内容

### （一）需求梳理

（1）明确数据采集目的：确定数据采集服务于短视频营销的哪些业务决策，如优化内容策略、提升广告效果、监测竞品动态、精细化用户运营等。

（2）确定数据采集范围：明确所需采集数据的来源与类型，包括短视频平台（如抖音、

快手、哔哩哔哩等）后台数据、第三方监测工具数据、社交媒体舆情数据、用户调研数据等。

（3）设定数据采集周期：根据分析需求的时效性要求，设定数据采集的频率，如实时、每日、每周、每月等。

（4）列出所需数据字段清单：详细列举每个数据源中需要采集的具体字段，如短视频播放量、评论量、点赞量、分享量、观看时长、用户地域、用户年龄、用户兴趣标签、广告曝光量、广告点击率、转化率、竞品短视频数据、社交媒体舆情关键词等，确保数据能够全面支撑短视频营销分析需求。

## （二）工具选型

（1）采集调研数据：评估适用于短视频营销数据采集的商业数据采集软件（如 SocialPeta、App Annie、SimilarWeb 等）、平台 API、软件开发工具包（SDK）等，考虑其功能、易用性、技术支持情况、成本等因素。

（2）开发定制化脚本：针对特定数据源、非结构化数据或复杂采集需求，可能需要编程开发定制化的数据爬取脚本，使用 Python、JavaScript 等语言配合相关库（如 Selenium、Beautiful Soup、Requests 等）实现。

（3）确保数据获取的稳定性与准确性：选择或开发的工具应具备对短视频平台数据更新、爬虫、数据格式变化等情况的处理能力，保证数据采集过程的稳定性和所获取数据的准确性。

## （三）数据验证

### 1. 建立数据质量控制机制

应设立数据清洗、校验规则，确保数据符合预设的质量标准。质量控制机制应涵盖以下方面。

（1）完整性：检查数据是否存在缺失值，确保关键字段的完整性，尤其是与营销效果密切相关的播放量、点赞量、转化率等数据。

（2）一致性：核查数据的内部逻辑是否自洽，如短视频播放量与评论量、点赞量的比例关系，广告曝光量与点击量、转化率的关系等。

（3）时效性：确保采集到的数据是最新的，符合短视频营销对数据新鲜度的高要求，特别是在进行竞品分析、热点追踪、活动效果评估时。

### 2. 实施数据校验

应在数据采集过程中或采集后立即进行数据校验，对不符合质量标准的数据进行标记、修正或剔除。可以利用数据质量监控工具自动进行部分校验工作。

（四）数据存储与更新

（1）设计数据存储架构：根据短视频营销数据的规模、查询需求、分析场景选择合适的数据存储技术，如关系数据库（MySQL、PostgreSQL 等）、NoSQL 数据库（MongoDB、Cassandra 等）、数据仓库（Snowflake、Redshift 等）或大数据平台（Hadoop、Spark 等）。

（2）规划数据更新频率与方式：设计数据同步策略，决定数据何时、如何从采集层流入存储层。短视频营销数据通常要求较高的更新频率，可能包括实时流式处理、定时增量更新等。

（3）确保数据实时可用：通过高效的数据加载、索引构建、缓存策略等手段，使得相关人员可以随时访问到最新、最全的短视频营销数据，支持快速决策与分析。

## 二、数据采集操作流程的制定步骤

（一）项目启动

（1）组建项目团队：根据项目规模与复杂程度，召集相关角色组成项目团队。

（2）明确角色分工：界定团队成员在需求梳理、工具选型、数据验证、存储设计、系统运维等环节的职责与协作方式。

（二）方案设计

（1）细化需求：进一步细化"需求梳理"部分的结果，明确短视频营销数据采集的具体细节和约束条件，如数据源访问权限、数据更新规则、数据隐私合规要求等。

（2）确定数据源：列出所有需要接入的短视频营销数据源及其优先级，考虑数据获取的难易程度、成本、法律合规性等因素。

（3）选择采集方式：针对不同的数据源，选择合适的采集方式（如 API 调用、网页抓取、SDK 对接等）。

（4）设计数据结构：定义数据表结构、字段类型、主外键关系等，确保数据模型能够有效承载并整合采集到的短视频营销数据，支持多维度分析。

（三）工具配置与测试

（1）配置采集工具：根据方案设计结果，配置选定的数据采集工具或开发定制化脚本，包括设置数据源链接、编写采集规则、设定采集任务等。

（2）进行数据采集测试：在小规模数据或测试环境中运行采集任务，检查数据采集的准确性、完整性、时效性，以及工具的稳定性等。

（3）优化与调整：根据测试结果，对采集工具或脚本进行必要的优化与调整，直至满足短视频营销数据质量要求。

## （四）正式上线与运维

（1）部署采集系统：将经过测试的采集工具或脚本部署到生产环境，开始进行大规模、常态化的短视频营销数据采集。

（2）实时采集与监控：确保采集系统按照预定计划自动运行，实时收集数据，并设置数据采集状态监控与报警机制，及时发现和处理采集异常。

（3）定期维护与升级：根据短视频平台数据接口变更、业务需求更新、技术发展的趋势，定期对采集系统进行维护、优化与版本升级，保持其高效、稳定运行，适应短视频营销领域的快速变化。

# 习题

## 一、判断题

1. 直播间的评论数据也是评价一场直播效果非常重要的指标。（　　）
2. 商品交易总额（GMV）是已付款订单和未付款订单之和。（　　）
3. 对于一场效果超预期的直播活动，结束后并不需要复盘总结。（　　）

## 二、选择题

1. 关于社群的内容输出，以下说法正确的是（　　）。
A. 可以进行知识分享，丰富社群的内容价值
B. 可以在社群中发放各种福利，活跃社群的气氛
C. 在社群进行内容输出时，要尽可能围绕同一个话题进行讨论
D. 直播团队在进行社群内容策划时，应该以产品为中心，围绕用户感兴趣的内容进行长期稳定的输出

2. 以下数据中，属于直播观看数据的是（　　）。
A. 平均观看时长　　　B. 点赞数据　　　　C. 加购率　　　　　D. 成交订单数

## 三、简答题

在直播复盘中，想要了解与粉丝相关的数据信息，可以对哪些数据进行分析？（至少列出 3 个）